Paul Riessler

Das Buch Daniel

Textkritische Untersuchung

Paul Riessler

Das Buch Daniel
Textkritische Untersuchung

ISBN/EAN: 9783744609548

Hergestellt in Europa, USA, Kanada, Australien, Japan

Cover: Foto ©Lupo / pixelio.de

Weitere Bücher finden Sie auf **www.hansebooks.com**

DAS BUCH DANIEL.

TEXTKRITISCHE UNTERSUCHUNG

VON

Dr. PAUL RIESSLER.

STUTTGART und WIEN
JOS. ROTH'SCHE VERLAGSHANDLUNG
1899.

VORWORT.

Die vorliegende Arbeit bietet die Prolegomena zu einer umfassenderen Abhandlung über die Komposition des Buches Daniel. — Ähnliche Vorarbeiten sind in den von Prof. Dr. Bludau veröffentlichten Schriften „De Alexandrinae interpretationis libri Danielis indole critica et hermeneutica P. I.", Monast. Guestf. 1891 und „Die alexandrinische Übersetzung des Buches Daniel und ihr Verhältnis zum massorethischen Text", Freiburg i. B. 1897 enthalten. So schätzenswert aber diese Beiträge zur Textkritik jener griechischen Übersetzung des Buches Daniel sind, so lassen sie andererseits die massoretische Textgestalt und deren wichtigste Vertreter unberücksichtigt. Es ist aber hinlänglich bekannt, dass unser jetziger MT eine verhältnismässig junge Textgestalt bietet, während ältere Textgestalten derselben Rezension in den Übersetzungen des Theodotion (Aquila und Symmachus), der Peschito und Vulgata vorliegen. Diese Lücke möchte die vorliegende Arbeit ausfüllen, indem sie die einzelnen Zeugen auf ihr Verhältnis zum jetzigen MT und auf ihr gegenseitiges Verhältnis prüft. Auch hinsichtlich der Charakterisierung der LXX-übersetzung des Buches Daniel führten die angestellten Untersuchungen zu einem Ergebnis, welches von dem Bludau's abweicht. — In dieser Arbeit wurde ferner der

Versuch unternommen, die Frage nach der Sprache der LXX vorlage in Kpp. II 4—VII zu lösen.

Zur Erzielung grösstmöglicher Kürze wurde an den Stellen, wo das Ergebnis der Untersuchung sich mit dem der Vorgänger auf diesem Gebiete deckte, einfach auf letztere verwiesen. — Noch sei bemerkt, dass Sabatier, Bibl. sacr. lat. vers. antiq. etc. 1739—1749; 1751, und Ernst Ranke, Par Palimps. Wirceb. etc. Vindob. 1871 für diese Arbeit nicht benützt werden konnten. — Die Kapp. III 24—90, XIII und XIV sind einer gesonderten Untersuchung vorbehalten.

Auch an dieser Stelle sage ich Dank dem hochwürdigen Herrn Dr. *Euringer* in Unter - Ottmarshausen bei Augsburg und dem hochwürdigsten Herrn Prälaten Dr. *Franz* in Gmunden am Traunsee für die hochherzige Liberalität, welche mir die Drucklegung dieser Arbeit ermöglichte. Ebenso danke ich dem hochwürdigen Herrn Prof. Dr. *Vetter* in Tübingen für das wohlwollende Interesse, welches er dieser Arbeit und ihrem Verfasser entgegenbrachte.

BLAUBEUREN, den 14. Januar 1899.

DER VERFASSER.

INHALTS-VERZEICHNIS.

	Seite
1. Abschnitt: Die Septuagintarezension des Buches Daniel .	1—8
§ 1. Das Alter der Übersetzung und deren Bezeugung .	1—4
§ 2. Die Überlieferung des Textes	4—8
2. Abschnitt: Die masoretische Rezension des Buches Daniel	8—28
§ 1. Der masoretische Text	8
§ 2. Theodotions Danielübersetzung	9—17
§ 3. Die Danielübersetzungen von Aquila und Symmachus	17—18
§ 4. Die Peschito	18—20
§ 5. Die Vulgata	20—21
§ 6. Flavius Josephus	21—28
3. Abschnitt: Charakterisierung der Septuagintaübersetzung und des masoretischen Textes des Buches Daniel	28—44
4. Abschnitt: Die Sprache der Septuagintavorlage des Buches Daniel	45—51
Schluss	51—52
Anhang	52—56

DIE TEXTE DES BUCHES DANIEL.

1. Abschnitt.

Die Septuagintarezension des Buches Daniel.

§ 1.

Das Alter der Übersetzung und deren Bezeugung.

Die Septuagintaübersetzung des Buches Daniel ist nach
168 v. Chr. angefertigt worden. Es ergiebt sich dies aus
der Wiedergabe von Dan. XI 30: וּבָאוּ בוֹ צִיִּים כִּתִּים וְנִכְאָה
durch „και ηξουσι Ρωμαιοι και εξωσουσιν αυτον". Diese
Übersetzung nimmt augenscheinlich Bezug auf die Begegnung
des Antiochus Epiphanes mit Popilius Laenas im Jahre 168
v. Chr. Die Septuagintaübersetzung des Buches Daniel muss
indes nicht unmittelbar nach 168 entstanden sein. Sie ist allerdings voll von Anspielungen auf die Verfolgung der Juden durch
Antiochus Epiphanes, besonders in Kap. IX 24—27; XI 25.
30. 33, und lässt erkennen, dass mehrere spezielle Züge aus
der Geschichte der Maccabäerzeit in die unbestimmt ge-
haltenen Weissagungen hineingetragen worden sind [1]; allein
diese Stellen beweisen nur, wie König [2] sagt, dass in ihnen
die Worte auf die maccab. Drangsalsperiode bezogen wurden.
Dies Verständnis aber war nicht blos solange möglich, als

---

[1] Bludau, Die alex. Übers. d. B. Dan. u. ihr Verhältnis z. mass.
Text. Frbg. 1897 S. 8.
[2] Einl. in d. A. Test. Bonn 1893 S. 386.

die maccab. Zeit dauerte — es konnte auch noch später vorhanden sein. Ebenso belanglos für eine nähere Bestimmung des Alters der LXX Dan. ist das 3. Buch der Sibyllinen, welches ums Jahr 140 v. Chr. entstanden sein soll.[1] Schon de Lagarde[2] hat darauf hingewiesen, dass 3, 286 nichts mit Dan. VII 11 zu thun hat. Die sibyll. Verse verkünden, dass ein Perserkönig in Folge eines Traumes den Tempel in Jerusalem wieder erbauen lassen werde; Dan. VII 11 dagegen träumt nicht ein Perserkönig, sondern Daniel und auch dieser träumt nicht von einem künftigen Tempelbau. Nicht anders ist es mit 3, 329 u. Dan. VII 7. Die sibyll. Verse melden, dass Libyen und die Töchter des Westens dem Gerichte Gottes verfallen werden, weil sie den Tempel Gottes zerstört haben; Dan. VII 7 aber ist vom Tempel gar nicht die Rede. Bei 3, 397 ist der Text nach de Lagarde unsicher und darf deshalb nicht verwertet werden; zudem ist die ganze Umgebung, in welcher diese Verse stehen, von der Umgebung der danielischen Verse völlig verschieden.

Das griech. Siracidenbuch dagegen giebt in dieser Frage einen zweckdienlichen Fingerzeig. Aus den Worten des Prologes „και τα λοιπα των βιβλιων" lässt sich zwar nicht mit Sicherheit erkennen, ob unter „τα λοιπα" auch die griech. Übersetzung des B. Daniel inbegriffen ist; aber die Möglichkeit ist vorhanden und sie wird zur grossen Wahrscheinlichkeit durch folgendes Moment: Das Siracidenbuch bildet mit der griech. Estherübersetzung, dem Esra α', den Maccabäerbüchern und der LXX Dan. in lexikalischer Hinsicht eine gesonderte Gruppe. Die Übersetzung des Siraciden-

---

[1] Über die Literatur siehe Bludau l. c. S. 9 Anm. 3. — Schürer, Gesch. des jüd. Volkes im Zeitalter J. Christi. 3. Aufl. 1898 S. 437.
[2] GGA 1891 S. 512 f.

buches fällt ins Jahr 132[1] und die des Estherbuches ins
Jahr 114. Die LXX Dan. wird somit auch in diese Zeit[2]
zu setzen sein. Man könnte ferner aus dem Umstande,
dass der Siracidenenkel ein Palästinenser war, schliessen,
dass auch die Übersetzungen von Esther, Esra α', Daniel
und der Maccabäerbücher auf palästinensischem Boden entstanden seien; für Esther wird dies im Epilog thatsächlich
behauptet. Die termini technici der ptolemäischen Herr-
schaft in der Estherübersetzung müssen nicht, wie Jakob in
ZAW 11, S. 274 ff. meint, notwendig auf Ägypten als Ent-
stehungsort der Übersetzung hinweisen; Palästina war lange
genug eine Provinz der Ptolemäer. Doch kann völlige
Klarheit nur durch eine Vergleichung des Sprachcharakters
dieser Bücher mit dem der Sprachdenkmäler des Seleuciden-
und des Ptolemäerreiches geschaffen werden.

Ob die LXX Dan. schon von dem Übersetzer des
1. Maccab.-Buches benützt worden ist, lässt sich nicht aus-
machen, da der in Frage kommende, angeblich der LXX
Dan. XI 31; XII 11 entlehnte Ausdruck βδελυγμα ερημω-
σεως nach Grimm[3] in der mündlichen Rede der Hellenisten
gewissermassen technisch war und ihn die griechischen
Übersetzer des Dan. und des 1. Maccab.-Buches, unabhängig
von einander, aus dieser gemeinsamen Quelle geschöpft
haben konnten.

Mannigfache Berührungspunkte mit dem Buche Daniel
finden sich in den zahlreichen Erzeugnissen der Apokryphen-
literatur, welche zum Teil in das erste vorchristliche Jahrhundert
fallen. Es ist aber unmöglich, sicher zu entscheiden[4], ob

---

[1] Vergl. Bludau l. c. S. 7; Urtext u. Übers. d. Bibel, Lpzg. 1897 S. 63.
(Sonderabdr. aus d. 3. Aufl. d. Realencycl. f. prot. Theol. und Kirche).
[2] Vgl. H. Willrich Juden u. Griechen v. d. macc. Erhebung 1895
S. 156.
[3] Kurzgef. exeg. Handbuch z. d. Apokryphen, Lpzg. 1851, 3. Lfg., S. 31.
[4] Bludau de Alex. interpr. l. Danielis. Monast. Guestf. 1891 S. 16.

dieselben auf den hebr.-aram. Daniel oder auf die LXX Dan.
oder endlich auf eine vermutete zweite griechische Übersetzung
Daniels (Theodotions Vorlage) zurückgehen. Das Gleiche
gilt von den Dan.-citaten des Neuen Testamentes.[1]

Die erste, sicher nachweisbare Benutzung der LXX Dan.
liegt bei Justinus Martyr, falls die Citate echt sind, andernfalls
bei Origenes vor. Beim Barnabasbriefe IV 4. 5; XVI 6 lässt
sich wegen der freien Citierung die LXXDan. nicht erkennen.[2]

§ 2.
Die Überlieferung des Textes.

Die LXX Dan. ist überliefert in Einer Handschrift (Codex
Chisianus), Einer Tochterübersetzung (Codex Syro-hexaplaris
Ambrosianus) und in einigen Citaten bei Kirchenvätern.

Über die Geschichte des Codex Chis. und des Cod.
Syr.-hex. Ambros. finden sich ausführliche Darstellungen bei
Bludau, Die alex. Übers. d. B. Dan. S. 25—28, und Löhr,
Textkrit. Vorarbeiten z. e. Erkl. d. B. Dan. in ZAW 1895 S.75ff.

Eine genaue, verdienstvolle Vergleichung des Cod. Chis.
mit dem Cod. Syr.-hex. hat Löhr in ZAW 1895 S. 75ff;
193 ff; 1896 S. 17ff gegeben.[3] —

Justins Danielcitate finden sich im Dialog. c. Tryph.
cp. 31.[4] Eine Vergleichung dieser Citate mit dem Texte des
Cod. Chis. und des Cod. Syr.-hex. liefert folgendes Ergebnis:
LXX Dan. VII 9 οτε : οτου Justin | καὶ + ο | χιόνα +
λευκην | λευκον καθαρον : καθαρον (— Theodotion) | πυρ

---

[1] Ausführlich handelt hierüber Bludau Die alex. Übers. d. B. Dan.
S. 8—11. — Nicht sicher ist es, dass der Verf. des apokr. 3. B. d.
Maccab. die Zusätze der griech. Übers. d. B. Dan. benutzt habe, wie
Bl. S. 9 schreibt; jener kann ganz gut das hebr. Original dieser Zusätze benutzt haben.
[2] gegen Bludau's Ansicht l. c. S. 15.
[3] Vgl. hierzu die Annotat. bei Bludau De alex. interpr. l. c. S. 44ff.
[4] siehe Bludau l. c. S. 21 (Migne 6. Bd).

καιομενον : πυρ φλεγον (= Th) | ελκων : ειλκεν εκπορευομενος (— Th Γ) εκ προσωπου αυτου | 11 ελαλει : λαλει | 16 μου + και | 19 περι : υπερ | διαφθειροντος : καταφθειροντος | και fehlt J. | 20 των f. J. | και + περι Syr.-hex. : και εκ | του αλλου f. J. | δι' αυτου : εκ των προτερων (— Th AQ) δι' αυτου | 22 οι αγιοι : αγιοι υψιστου | 23 θηριον τεταρτον : τεταρτον θηριον | οτε f. J. | πασαν την γην : πασας τας βασιλειας ταυτας (= Th BAQ) | 24 της βασιλειας f. J. | στησονται + μετ' αυτους | ο αλλος βασιλευς μετα τουτο στησεται f. J. (= Th) | αυτας : ουτος | 25 εις : προς | τους αγιους . . . κατατριψει : ετερους αγιους . . . καταστρεψει | νομον : χρονους | τας f. J. | εως f. J. | ημισους : ημισυ | 27ᵇ αυτω υποταγησονται f. J. | 28 σφοδρα . . . περιειχ. : περιειχ. σφοδρα | η εξις : η λεξις | εστηριξα : ετηρησα. | In den VV. 14 und 26ᵃ stimmen LXX Dan. und Justins Citate wörtlich überein; dagegen sind die Citate der Danielverse 10, 12ᵃ, 13 (abgesehen von παρην und οι παρεστηκοτες — LXX) der theodotion. Danielrezension entnommen. Es sind meistens solche Stellen, welche in der Fassung der LXX Dan. dem Verständnis Schwierigkeiten bereiten. — Die Ausbeute ist für die Textgestalt der LXX Dan. sehr gering. Zudem ist die Echtheit dieser Citate nicht unbestritten. De Lagarde[1] macht darauf aufmerksam, dass die Briefe des Clemens Rom. systematisch durchkorrigiert sind; ähnliches könnte bei Justins Citaten der Fall sein.[2] —

Bei *Origenes*[3] findet sich nur Ein Citat[4] aus der LXX Dan. in hom. 18 in Num. : „Ibi ergo scriptum est (Dan. I 17. 20),

---

[1] Mitteil. II 54.
[2] cfr. Bludau Die alex. Übers. S. 16.
[3] Pitra, Orig. in Proph. S. 715 f. Anal. sacr. Spic. Solesm. III 1883.
[4] Hierzu kommt noch eine auf die LXX Dan. anspielendes Citat in d. Schrift Contra Cels. 8; siehe Bludau l. c. S. 29.

quia dedit eis [LXX om. eis] Dominus scientiam et intellectum et prudentiam in omni arte grammatica et Danieli dedit intellectum in omni verbo et visione et somniis [LXX οραματι ÷ και εν παση σοφια Cod. Chis. (deest ÷) Syr.] et erant apud regem: et in omni verbo et prudentia et disciplina, in quibuscunque quaesivit ab eis rex invenit eos decuplo amplius [— Theod. δεκαπλασιονας : σοφωτερους δεκαπλασιως LXX], quam erant sophistae et philosophi, qui erant in omni regno eius." —

Tertullians LXX Dan.-citate müssen leider solange ausser Betracht bleiben, bis der Codex Fuldensis zur Emendierung des Textes herangezogen sein wird. Diese Handschrift nämlich vertritt nach de Lagarde eine „plane diversae librorum Tertulliani διορθωσεως familiam".[1] — In der Öhlerschen Ausgabe entsprechen die tertullian. Dan.-citate in der Hauptsache dem Texte des Cod. Chis. —

Die LXX Dan.-citate *Cyprians* müssen ebenfalls für die Herstellung der Textgestalt der LXX Dan. unberücksichtigt bleiben; denn die von Hartel in den Testimoniis gegebene Gestalt der Bibelcitate ist nach de Lagardes Untersuchung eine auf Grund einer andern Rezension des Bibeltextes gemachte Interpolation. „Jedenfalls ist auch Cyprian ein pater rescriptus" sagt de Lagarde.[2] — Für den Hartelschen Text besteht das Urteil Burkitts[3] zu Recht: „Where s. Cyprian uses the LXX his text is in fundamental agreement with them, in spite of some difference in Latinity". —

Victorinus von Pettau[4] bietet in den Scholien zur Apokalypse mehrere LXX Dan.-citate, welche in der Hauptsache

---

[1] GGA Bd. XXXVII 1891 S. 75.
[2] Mitth. II 55.
[3] The old Latin and the Itala (Texts and Studies by Arm. Robinson IV, 3) Cambr. 1896 S. 28.
[4] cfr. Burkitt l. c. S. 297.

mit dem Cod. Chis. übereinstimmen. Folgende Abweichungen sind zu verzeichnen: Dan. II 40 βασιλεια τεταρτη ισχυρα*ως ο σιδηρος: quartum autem regnum durissimum et potentissimum tanquam ferrum | * και ως (om. ως Syr.) ο σιδηρος (Syr. /.) παν δενδρον εκκοπτων: et omnem arborem excidet | 43 και ως ειδες τον σιδηρον αναμεμιγμενον αμα τω πηλινω οστρακω και (om. Syr.) συμμιγεις εσονται εις γενεσιν ανθρωπων· ουκ εσονται δε ομονοουντες: et in novissimo in se, inquit, tanquam testa ferrum mixtum miscebuntur homines et non erunt consentanei | 44 και εν τοις χρονοις των βασιλεων τουτων στησει ο θεος του ουρανου βασιλειαν αλλην: et in illis temporibus suscitabit Dominus Deus regnum aliud | και αυτη η βασιλεια αλλο εθνος ου μη εαση, παταξει δε και αφανισει τας βασιλειας ταυτας: et regnum hoc alia gens non indagabit, namque Dominus percutiet et indagabit omnia regna terrae (Cod. Ottob. 3288 in Vatic.: viam regnaturae). Auch zwei weitere Citate Victorins lehnen sich mehr an die LXX Dan., als an Theod. an (Migne V 338, 340 — Beatus p. 441, 440). Beatus p. 441: desideria mulierum non cognoscet: LXX Dan. 11, 37 εν επιθυμια γυναικος ου μη προνοηθη: Th. και επιθυμια (επιθυμιαν A επι επιθυμιαν Q) γυναικων και επι παν (παντα AQ) θεον ου συνησει | p. 440: Statuit templum suum inter maria super montem inclytum et sanctum: LXX Dan. 11, 45 και στησαι αυτου την σκηνην τοτε ανα μεσον των θαλασσων και του ορους της θελησεως του αγιου: Th. και πηξει την σκηνην αυτου Εφαδανω (Ενφα. A) ανα μεσον των θαλασσων εις (επ' Q) ορος σαβαειν (σαβειν A) αγιον. —

Von den 19 LXX Dan.-citaten bei *Hieronymus* decken sich blos drei nicht mit dem Texte des Cod. Chis. Im Commentar zu Daniel (M. 25, 523)¹ schreibt er: „in LXX

¹ Vgl. auch Field Orig. Hex. ad h. l.

editione legi manifestius qui dixerunt: et duos viros, quos
constituit cum eo et satrapae centum viginti": LXX Dan.
VI 3 και τους δυο ανδρας, ους κατεστησε μετ' αυτου και
σατραπας εκατον εικοσι επτα: Th. VI 1 και κατεστησεν
επι της βασιλειας σατραπας εκατον εικοσι | l. c.: „Ulai":
LXX Dan. VIII 2 Αιλαμ (Ουλαμ Syr.): Th. Ουβαλ | l. c.
„deum fortissimum": LXX Dan. XI 38 om.: Th. θεον
μαωζειν (μαωζει A). —
Bei *Polychronius* findet sich Ein Citat aus LXX Dan. X 5,
welches sich mit dem Texte des Cod. Chis. völlig deckt. —

2. Abschnitt.
Die masoretische Rezension des Buches Daniel.

§ 1.
Der masoretische Text.

Die älteste MT handschrift des B. Dan. geht auf das
10. Jahrhundert n. Chr. zurück.[1] — Den Zugang zu einer
älteren Textgestalt eröffnen die Übersetzungen des Theodotion, des Aquila und des Symmachus, der Peschito und
der Vulgata und die Citate bei Fl. Josephus. Bevor diese
zur Kontrolle des MT[2] verwendet werden können, müssen
sie selbst in möglichst reiner Gestalt vorliegen und muss
die Methode der Übersetzung bezw. der Citierung genau
erkannt sein.

---

[1] Vgl. Urtext und Übersetzungen der Bibel. 1897 S. 13. — Der
Archetypus reicht in die 1. christl. Jahrhunderte hinauf, l. c. 15. — Über
den MT selbst vgl. die Ausgaben von Bär und Delitzsch, Ginsburg,
Strack (Marti).

[2] Richtiger (nach Marquart, Fundamente israel und jüd. Gesch. 1896.
S, 29 Anm. 1) der rabbinischen Redaktion.

§ 2.

Theodotions Danielübersetzung.

A. Die griechische Übersetzung Daniels durch Theod.
ist überliefert in Handschriften, Tochterübersetzungen und
Citaten.

I. Die theod. Danielrezension liegt in 36 Handschriften
vor; darunter befinden sich 5 Uncialcodices: Codex Vati-
canus = B; Alexandrinus = A; Marchalianus = Q; Venetus
= V; Codex rescriptus Cryptoferratensis = Γ. Als älteste
Handschrift gilt B, welche dem 4. Jahrh. n. Chr. zugeteilt
wird; ihr folgt A = 5. Jahrh., Q = 6. Jahrh. und Γ = 8. od.
9. Jahrh. V (= 8. od. 9. Jahrh.) ist für Dan. noch nicht ver-
öffentlicht worden.[1]

Um den Wert dieser Codices abschätzen zu können,
ist eine Vergleichung derselben mit dem MT[2] und unter
sich erforderlich.

Die Vergleichung der beiden ältesten und wichtigsten
Codd. *A* und *B* mit dem MT führte zu folgendem Ergebnis:
B geht mit MT gegen A im Ganzen 119 mal (39 Plus,
43 Minus, 37 abweichende Lesarten); A geht mit MT gegen B 64 mal (46 Plus, 6 Minus, 12 abw. Lesarten). In-
haltlich betrachtet sind die Abweichungen der beiden Codd.
unter sich und vom MT von sehr untergeordneter Bedeutung. Vielfach handelt es sich um blosse Schreibver-
sehen und Lesefehler. Die Frage, ob B oder A aus dem
MT interpoliert worden seien, dürfte für beide Codd. zu

[1] vgl. Swete The old Testam. in Greek I prf. XVII seq., Cambridge
1887.
[2] vgl. Thiersch Proleg. ad Pentat. vers. alex. crit. pertract. 1839
S. 17: „Quo alienior sit lectio a Masoretica.., quo liberior versio et
dissimilior ejus facies textui originali, eo sinceriorem esse et prisco
τῶν ο' stylo propinquiorem".

verneinen sein; es müssten sich in diesem Falle zahlreichere und bedeutendere Übereinstimmungen des einen oder des anderen Cod. mit dem MT vorfinden. Vom MT nämlich weichen beide Codd. ungefähr 900 mal und zwar des Öfteren in nicht unbedeutenden Punkten ab. B übertrifft A in der korrekten Schreibweise. Aus A dagegen, bezw. aus dessen Familie, ist Cod. Chis. interpoliert: vergl. II 15; III 3. 9; VIII 3. 5.—

Q geht mit B an c. 190 Stellen, mit A an c. 150. Unter jenen 190 Stellen befinden sich aber verhältnismässig wenige für B charakteristische Lesarten (III 12. 15. 97; VII 13; X 21; XII 10). Etwas zahlreicher sind die Stellen, wo Q mit B gemeinsam ein Minus gegen A aufweist (z. B. II 16, 29; III 5. 21. 22. 95; IV 1—6; V 4. 11; VII 16; VIII 2. 3. 4; IX 21; XI 8). Weit häufiger geht Q mit A an den für A signifikanten Stellen z. B. I 2. 12; II 1. 32. 34. 39. 47; III 9, 18. 23. 99; IV 16; V 1. 17; VII 16; IX 2; XI 31. 37. 40; XII 10. 13. Q nimmt somit eine Mittelstellung zwischen B und A mit starker Hinneigung zu letzterem ein. — Beachtenswert ist der Umstand, dass Q mit dem Kopten an 8 Stellen (II 4. 5. 10. 12; III 1; VIII 19; XI 29; XII 8) gegen alle anderen Textzeugen geht. Dadurch wird auch für Daniel das Urteil Cerianis über Q bestätigt, dass der Text von Q häufig mit [der Vorlage Cyrills von Alexandrien und] der memphitischen Version übereinstimme (Swete The old Testam. in Greek I pf IX). —

$\varGamma$ ist nur in Bruchstücken erhalten. Soviel sich aus diesen ersehen lässt, gehört er zu der mit B verwandten Handschriftenklasse; er geht nämlich an den für B charakteristischen Stellen z. B. I 2. 12. 17; III 9; VII 13; VIII 6. 10; IX 24; XII 10. 12 unverkennbar mit diesem Cod. Die Berührungen mit A und Q sind gering und unbedeutend. —

Eine Vergleichung der Minuskelcodices ergab die

enge Verwandtschaft von Cod. 26[1] (13. Jahrh.) und Cod.
88 (11. Jahrh.) mit B und die des Cod. 106 (14. Jahrh.) mit
A. Die Min. codd. 22, 23, 36, 48, 51, 231 berühren sich
mit den Citaten aus Chrysostomus und Theodoret; sie
stellen somit vermutlich die Lucianische Recenzion dar.
Die Min. codd. 62 und 147 enthalten eine Anzahl Vari-
anten, welche vornehmlich auf Aquila zurückgehen (vgl.
Field Origenis Hexapl. II 907).

II. Unter den Tochterübersetzungen der theodot. Dan-
rezension nimmt die Vetus Latina oder besser der *Vetus
Latinus* die erste Stelle ein. — Eine Vergleichung der von
Fr. Münter[2] und von E. Ranke[3] veröffentlichten Fragmente
ergab eine nähere Verwandtschaft zwischen V L und B.
Ein Gehen des V L mit A oder Q ist äusserst selten und
bezieht sich nur auf Kleinigkeiten.

Die VL-citate aus Dan. im sogenannten Speculum
Augustini[4] gehen zum Teil mit B, z. T. mit A Q. Dan.
III 16—18: „Et responderunt Sedrac, Misac, et Abdenago,
Nabucodonosor: non habemus causam de hoc sermone re-
spondere tibi: est enim Deus in caelo (= B^{ab mg} A), cui
nos servimus, potens ad liberandos nos de camino ignis
ardentis, et de manibus tuis (— B) eripere et salvos facere.
Scire itaque debes, rex, quia diis tuis non servimus, et
imaginem (= B) quam statuisti, non adoramus". Dan. III 60:
„Benedicite aquae omnes (= A Q) super caelum Dominum".
V 11: „Est enim vir in regno tuo, in quo est Spiritus sanctus (= A Q) Dei". —

---

[1] nach der Zählung von Holmes-Parsons.
[2] Fr. Münter Miscell. Hafniensia. tom II 1824 S. 81—148 Fragm.
vers. antiq. Lat. antehieron. proph. Jerem., Ez., Dan. et Hoseae e cod.
rescr. Bibl. Univ. Wirc. ed. D. Fr. Münter.
[3] E. Ranke Stutgard. vers. sacr. script. lat. antehier. fragm. Vindob.
1888; Marburger Programme und Vorlesungsverzeichnisse 1857, 1858.
[4] Ang. Mai Nov. Patr. Bibl. I p. II S. 8, 56, 109.

Die koptische Dan.-übersetzung lässt auch in ihrer lateinischen Wiedergabe durch Tattam [1] noch erkennen, dass ihr ein griechischer Text zu Grunde gelegen hat: I, 20 aula = πυλη statt παση gelesen; V 12 illis qui eos possident = κρατουσι bzw. κρατουντας : κρατουμενα Theod.; V 22 quem cognovisti quia omnia illius sunt = ω παντα ταυτα εγνως : ου π. τ. εγν.; X 10 et roboravit manus meas — και ενισχυε τας χειρας μου : και επι τα ιχνη των χειρων Q^{mg} sub Θ'; XI 15 super terram = προς χωμα : προσχωμα Th.; XI 18 comburet — κατακαυσει : καταπαυσει Th. — Der Kopte geht mit B gegen die übrigen Vertreter der theod. Rezension 6 mal, mit A 24 mal, beide Male in untergeordneten Punkten. Mit Q geht der Kopte an 8 für Q besonders signifikanten Stellen. Es können deshalb die 35 Stellen, wo K mit A Q gegen B, und die 46 Stellen, wo K mit B Q gegen A geht, ebenfalls als ein Gehen von K mit Q bezeichnet werden.[2] —

Von den übrigen Versionen der theod. Dan.-rezension, welche sämtlich jünger als B (und A) sind, ist abgesehen worden, weil dieselben für die vorliegende Arbeit keinen nennenswerten Ertrag versprachen. —

III. Justins Dan.-citate im Dial. c. Tryph. gehören zu den sog. gemischten Citaten. Ein Teil derselben deckt sich mit dem LXXtexte, der andere mit der theodot. Rezension. Letztere liegt vor in Cap. 31 = VII 10 (Justin ποταμος πυρος ειλκεν εκπορευομενος = Γ), 12, 13 (J προσηγαγον αυτον — A), 15, 26, 27, 28ª. Da aber die Echtheit dieser Citate nicht fest steht, so kommen sie hier nicht weiter in Betracht. —

---

[1] H. Tattam Prophetae majores in diaL ling. memph. s. copt. c. vers. lat. Oxf. 1852. — Eine Vergleichung der lat. Übers. mit dem kopt. Texte ergab die grosse Zuverlässigkeit der lat. Übers.

[2] Selbstverständlich gelten alle diese Resultate nur für das Buch DanieL

Die Dan.-citate bei *Irenaeus* adv. haeres.[1] sind der theod. Rezension entnommen. Ihre Zahl ist nicht gross und ihre Abweichungen von dem B A Q gemeinsamen Texte sind selten und fast durchgängig unbedeutend. Ihr Text ist mit dem von B nahe verwandt; er giebt nämlich die VV. VIII 24 und XII 7 in der für B (im Gegensatz zu A und Q) charakteristischen Form wieder. Iren. II 393 „Et valida virtus ejus et admirabilis et corrumpet" = B και κραταια η ισχυς αυτου και θαυμαστα διαφθερει : A Q και κρ. η ισχ. αυτου και ουκ εν τη ισχυι αυτου και θαυμ. διαφθερει. — Iren. II 235 „In eo enim cum perficietur dispersio, cognoscent omnia haec = B εν τω συντελεσθηναι διασκορπισμον, γνωσονται παντα ταυτα : A εν τω συντελεσαι διασκ. λαου ηγιασμενου και γν. π. τ. : Q εν τ. σ. διασκ. χειρος λαου ηγιασμ. : Γ εν τ. σ. διασκ. χειρος λαου αγιου. — Interessant sind noch die Citate von VII 10 u. 13 ersteres geht mit den Citaten bei Clemens Rom., Tertullian, Origenes und Ephräm gegen Theodotion und MT; letzteres mit Q und Ephräm gegen Theod. Iren. II 268 „Dena millia denum millium assistere ei et multa millia millium ministrare ei" = 1 Clem. ad Cor. XXXIV, 6 Μυριαι μυριαδες παρειστηκασιν αυτω και χιλιαι χιλιαδες ελειτουργουν αυτω = Tertull. Adv. Prax. 3: Milies centies centena milia adsistebant ei et milies centena milia apparebant ei; dsgl. Origenes[2] und Ephr. Syr. Comment. ad h. l.: Theod.: χιλ. χιλ. ελειτουργουν αυτω και μ. μυρ. παριστηκεισαν αυτω. — Ir. II 222: „.. in nubibus coeli" = Q επι των νεφελων, ebenso Ephr. (und LXX): B A μετα των νεφελων (= עם MT).[3] — An Einer Stelle geht

---

[1] S. Irenaei Episc. Lugd. Libros quinque adv. Haereses tom I u. II ed. Harvey. Cantabr. 1857.

[2] vgl. S. 14.

[3] vgl. Dalman, Die Worte Jesu, 1898 S. 198.

Iren. ausschliesslich mit LXX: II 176 = Dan. XII 9 απο-
τρεχε Δανιηλ: Th. δευρο Δαν. —

Hippolyt[1] giebt in seinem Kommentar zu Daniel und
in den beiden anderen Schriften Demonstratio de Christo
et Antichristo und Contra haeresin Noeti cujusdam eine
grössere Anzahl von Dan.-citaten. Dieselben sind der
theod. Rezension und zwar einem mit B verwandten
Texte entnommen. Dies ergiebt sich aus den von Hipp.
citierten VV. II 32. 34; VII 1. 2. 3. 10. 13; VIII 6; IX 2. 20.
24, welche sämtlich die für B charakteristischen Merkmale
aufweisen. Seltsamerweise hat Hipp. mit Aphraates und
mit der Peschito je eine Lesart gegen alle übrigen Zeugen
gemeinsam: VII 7 Th. και οι οδοντες αυτου σιδηροι ⟨ και
οι ονυχες αυτου χαλκοι Hipp., Aphr. vgl. VII 19; II 48
Th. και κατεστησεν αυτου ⟨ αρχοντα Hipp., Pesch.

Origenes[2] benutzte beide Rezensionen des B. Dan. Von
der theod. liegen in seinen Homilien vier Citate vor. Zwei
derselben (in Proph. I 8 und IV 25) decken sich mit
dem Text der Codd. B A Q; das dritte (IV 6 in περι
αρχων I 32 Spiritus sanctus, qui est in te) geht mit Q;
das vierte aber (VII 10 in περι αρχ. l. c. χιλιαι χιλιαδες
παρεστηκεισαν αυτω και μυριαι μυριαδες ελειτουργουν
αυτω) stimmt mit dem gleichen Dan.-citat bei Clemens
Rom., Irenaeus, Tertullian und Ephräm gegen Theod. und
MT überein. —

Für *Tertullians* Dan.-citate aus Theod. gilt das Gleiche,

---

[1] Bratke, Das neuentdeckte Buch des Dan. Commentar v. Hipp.
1891; Bardenhewer, Des hl. Hipp. v. Rom Comm. z. Buche Dan. 1877;
Migne Patrol. graec. X S. Hipp. fragm. in Dan.; Scholia in Dan.; in
Susannam; Demonstratio de Christo et Antichr.; Contra haer. Noeti
cujusd. — Bonwetsch, Hippolyts Werke 1. Bd. 1. Hälfte: Komm. z.
B. Daniel, Lpzg. 1897.
[2] Pitra (Orig. in proph.) S. 550, 715 und 716 Anal. sacr. Spic.
Solesm. III 1883.

was auf S. 6 über die Citate aus der LXX gesagt worden
ist. — Merkwürdig sind vier Citate, welche augenscheinlich
auf eine andere hebräische Vorlage als die des Theodotion
bzw. des jetzigen MT zurückgehen¹: IX 24 exorentur justi-
tiae = וּלְכַפֵּר עָוֹן : MT עָוֹן וּלְכַבֵּר; 24 inveteretur delictum —
לְבַלָּא הַפְשַׁע : MT הוּ לְבַלָּא; diese letztere tertull. Lesart
stimmt zugleich mit derjenigen der mutmasslichen Lucia-
nischen Rezension überein vgl. Field Orig. Hexapl. II ad
Dan. IX 24 „εως του παλαιωθηναι το παραπτωμα . . .
Sic Codd. 22, 34, 36 alii Theodoret."; 26 et destruet pin-
naculum — וְקָצָה יִשְׁטֹף : MT וְקִצּוֹ בַשָׁטֶף; 24 sanctus sancto-
rum — קֹדֶשׁ קָדְשִׁים : MT קֹדֶשׁ קָדָשִׁים. Auch IX 25 a
profectione sermonis integrando et reaedificando Hierusalem
ist beachtenswert, weil es auf eine von Theod. und LXX
verschiedene Übersetzung des MT מְרֹמֹצָא דָבָר לְהָשִׁיב וְלִבְנוֹת
יְרוּ zurückgeht.
Die tertull. Lesart innovabuntur IX 25 geht auf εκ-
καινωθησονται statt theod. εκκενωθησονται zurück. —
Von den theod. Dan.-citaten *Cyprians* muss aus dem
gleichen Grunde, wie von dessen LXX-citaten, abgesehen
werden. —
Die Schrift *De Pascha computus* schliesst sich nach
Burkitts Untersuchung² in dem Citate von Dan. IX 25—27
an die erste Hand von B an.
Die bei *Chrysostomus* und *Theodoret* vorliegenden Dan.-
citate sind von Field Orig. Hex. tom II gesammelt worden.
Ihre Lesarten bilden vielfach mit denen der Minuskelcodices
22, 23, 26, 34, 36, 62, 147 eine gesonderte Gruppe. Es dürfte
nicht zu gewagt sein, in ihnen die Vertreter der lucia-
nischen Rezension zu sehen. Übrigens liefert eine Collation
derselben mit den übrigen Textzeugen geringe Ausbeute.

¹ adv. Jud. c. 8.
² l. c. The old Latin and the Itala. S. 7.

Nur an sieben Stellen haben sie eine abweichende Lesart
(I 8; II 24; IV 1; VIII 12; IX 24; XI 36; XII 7); sonst
gehen sie ausgesprochen mit MT gegen die anderen Codd.
und Versionen — vermutlich eine Folge der von Lucian
nach dem hebräischen Texte unternommenen Revision. —
Hieronymus[1] citiert 20 Stellen aus Theodotion. Zwei
davon gehen mit B (V 11 und XI 31) ,eine mit A (IV 1); zwei
mit Q (IX 27 und XI 39) und eine mit Γ (I, 3). An
6 Stellen steht er allein gegen die übrigen Zeugen (III 21;
IV 6; XI 16. 38. 45; XII 13).

Mit Hieronymus ist zwar die Zahl der Schriftsteller,
welche Citate aus Theod. Dan. liefern, nicht erschöpft (vgl.
Africanus, Eusebius Pamph. u. a.); aber diese Citate sind
für die Wiederherstellung des echten theod. Textes fast
oder ganz wertlos, weshalb von ihnen hier abgesehen
wird. —

Zum Schlusse sei noch hingewiesen auf die zahlreichen
Berührungen zwischen den Dan.-citaten der neutesta-
mentlichen und patristischen Schriften und der
theod. Dan.-rezension. Bludau[2] erklärt diese auffallende
Erscheinung durch die Annahme, dass bereits im 1. christ-
lichen Jahrhundert neben der LXX Dan. noch eine andere
griechische Übersetzung zirkuliert habe. Diese zweite
griechische Übersetzung habe Theodotion einer Revision unterzogen.[3] Thatsächlich findet diese ansprechende
Vermutung eine Stütze auch in dem Umstand, dass die
theod. Version viel weiter vom MT absteht, als die Versionen von Aquila und Symmachus — und doch gehören

---

[1] vgl. Field l. c. ad h. l.

[2] Tüb. Theol. Quartalschr. 1897, 1 ff.

[3] vgl. Schürer, Gesch. d. jüd. Volkes im Zeitalter J. Chr. 3. Aufl.
1898 S. 323 f; gegen diese Annahme ist Ed. König im Theol. Lit.blatt
18 Jhrg. No. 51, 1897. — Einen zweiten griech. Übersetzer nimmt auch
Marquart, Fundamente, S. 44 an.

alle drei fast dem gleichen Zeitalter an; man sollte deshalb bei ihnen ziemlich übereinstimmende Vorlagen voraussetzen dürfen. —

B. Auch für das Buch Daniel besteht die Charakterisierung der theodotionischen Recension als „einer sorgfältigen und treuen, aber nicht sklavischen Übersetzung" zu Recht. Es fehlt zwar bei Theod. nicht an Missverständnissen und falschen Deutungen (z. B. IV 30; V 12. 17; VIII 9. 25 XI 35 u. a.). Aber dies ist zugleich ein Beweis seines genauen Anschlusses an die hebr.-aramäische Vorlage; denn es hätte ihn nur ein Geringes gekostet, an die Stelle jener sinnlosen Ausdrücke etwas Lesbares zu setzen. Es kann deshalb die theod. Übersetzung des B. Dan. mit vollem Recht als die Vertreterin einer anderen, als der im MT überlieferten hebr.-aram. Textgestalt betrachtet werden. Kleinere Abweichungen vom MT, wie z. B. Wiedergabe des Partizips durch das Verbum finit., Setzung oder Weglassung der Verbindungspartikel [1] und ähnliches, sind natürlich auf die Rechnung der jedem Übersetzer zustehenden Freiheit zu setzen.

§ 3.

Die Danielübersetzungen von Aquila und Symmachus.

Die Übersetzungen dieser beiden Männer existieren nur — mehr in Fragmenten, welche in Field's Orig. Hexapl. tom II gesammelt vorliegen. Über die Übersetzungsmethode derselben hat Field l. c. tom I prolegg. XVI—XLII in ausgezeichneter und treffender Weise geurteilt. Es ist nur noch nachzutragen, dass nicht blos die Vorlage des Aquila, sondern auch die des freier übersetzenden Symmachus sich enger mit dem MT berührt,

---

[1] bei längeren Aufzählungen und bei zusammengesetzten Zahlen.

als die des Theodotion. Symmachus geht 14 mal mit
MT gegen Theod. (II 19. 41; III 1. 2. 12. 25; V 11; VIII 2;
IX 27; X 16; XI 1. 5. 41. 45). —
Ausser diesen beiden wird zu sechs Stellen ein Αλλος
citiert (I 3. 18; VIII 23. 28; XI 13. 40) und zu Einer Stelle
(I 3) ο Εβραιος. Wessen Übersetzung damit gemeint ist,
lässt sich nicht sagen.

§ 4.

Die Peschito.

A. I. Die Peschito liegt vor 1. in der „Translatio Syra
Pescitto Vⁱˢ Tⁱ ex codice Ambrosiano saeculi fere VI. pho-
tolithographice edita curante et adnotante Sac. Obl. Antonio
Maria Ceriani", Mediolani 1876—1883; 2. in der Pariser
Polyglotte von Guy Michel le Jai, Paris 1645; 3. in der
Londoner Polyglotte von Walton, London 1657; 4. in den
von Thorndike im 6. Band der Lond. Polyglotte vergliche-
nen Codd. Usher und Pococke; 5. im „Vetus Testamentum
Syriace" von Lee, London 1824; 6. im „Vetus Testamentum
syriace et neosyriace", Urmiae 1852; 7. in den Homilien
des Aphraates; 8. in dem Kommentare Ephräms des Syrers.
Für die vorliegende Arbeit konnten nur die Londoner
Polyglotte und die Ausgabe von Lee benutzt werden. —
Die Peschito ist nach einer hebr.-aramäischen Vorlage
gefertigt worden. Es ergiebt sich dies aus Stellen, wie I 8
ܐܪܟܠ — יאכל : MT יתנאל : Theod. αλισγηϑη; II 5
ܐܬܠܡܒ ,ܡܗ ܪܝܚܫ — MT אֶזְרָא מִנִּי מִלְּתָה : Th.:
ο λογος απ'εμου απεστη; VII 21 ܣܝܠܚܘ — חֵילָהוֹן : MT
לְהוֹן : Th. προς αυτους. —
Abweichungen vom MT weist die P. gegen 350 auf.
Davon entfallen c. 200 auf Stellen, an welchen die P. mit
ihren Lesarten allein steht. Die letzteren sind aber trotz

der grossen Anzahl meistens recht unbedeutend (Zusätze
von Partikeln, Pronomina u. dergl. oder Weglassung derselben, Ergänzung einzelner Verse aus Parallelstellen z. B.
III 18. 20. 29. 30; V 21). Auffallende Lesarten finden sich
nur wenige z. B. I 10; II 5; III 22; VII 15; X 4; XI 45.
Auch einige Missverständnisse sind zu notieren (vgl. Behr-
mann, Das B. Dan. 1894 pg. XXXIII). Ein innersyrisches
Verderbnis liegt in XI 4 vor: ܡܚܝܒ statt ܡܚܘܐ. —
Mit Theodot. geht P. gegen MT an 57 Stellen. Davon
verdienen besonders erwähnt zu werden II 5; III 96; IV 23;
VI 11. 18; VII 16; VIII 23; XI 15. 19. Mit LXX stimmt
P. gegen die anderen 13 mal überein; auffallend ist diese
Übereinstimmung besonders bei I 2; V 7; IX 22; XI 7; XII 1.

II. Eine ältere Textgestalt der P., als die Londoner
Polyglotte und Lee bietet, liegt den Citaten bei Aphraates
und Ephräm zu Grunde.

Aphraates[1] benützte für seine Homilien, welche die
Dan.-citate enthalten, einen mit der P. sehr nahe verwandten
Text, wie aus IX 1. 11. 16. 17. 18. 19. 25 hervorgeht. Sein
Text geht 1 mal gegen den der Lond. Polyglotte mit der
LXX (IX 14), 2 mal mit Theod. (IX 16. 17) und 1 mal mit
Hippolyt (VII 7). „Seine Citate sind oft aus dem Ge-
dächtnis gemacht, daher ziemlich belanglos" sagt Pinkuss
ZaW. 1894. S. 107.

Ephräm[2] benützte ebenfalls einen mit der P. sehr nahe
verwandten Bibeltext. An markanten Stellen gehen seine
Citate stets mit der P. (z. B. I 10; II 5, III 22; VII 15;
X 4; XI 45). Immerhin weicht er an c. 150 Stellen von der
P. ab; es ist jedoch nicht zu vergessen, dass wir es auch

---

[1] Wright, The Homilies of Aphraates. Vol. L. London 1869;
Georg Bert, Aphraats des pers. Weisen Homilien, Lpzg. 1888.

[2] S. Patr. nostri Ephraem Syri opera omnia Tom II. Syriace et
latine. Romae 1740. Die lat. Übers. ist mehr als „frei" zu nennen!

bei Ephr. mit Citaten zu thun haben. Auf diese ist im allgemeinen kein grosser Verlass, weil sie sehr häufig nach dem Gedächtnis gemacht sind. Für Ephräms Citate gilt dies allerdings nicht; denn es ist unwahrscheinlich, dass er den ganzen Daniel, den er Vers für Vers kommentiert, „ex memoria" citiert haben sollte. Aber es waren auch noch Abschreiber und Herausgeber da, und diese konnten den Text der Citate nach Gutdünken „verbessert" haben. Zu erwähnen sind vor allem vier Stellen, wo Ephr. mit Theod. gegen P. und MT geht (III 92; V 16; VII 1; VIII 10); an einer fünften geht Ephr. mit B Q Hippol. gegen A MT P (VII 2). Sollte zwischen der Abfassung von Ephräms Kommentar und der Niederschrift der Vorlage unseres Lond. Polyglottentextes eine Revision der P. nach dem MT erfolgt sein? — An zwei Stellen deckt sich Ephr. mit LXX (I 2. 3). —

B. Wenn man in Betracht zieht, dass B A vom MT gegen 800 mal abweichen, so ist die Differenz zwischen P. und MT verhältnismässig sehr geringfügig zu nennen. Angesichts dessen lässt sich die Vermutung nicht abweisen, dass P. nach dem MT in ausgedehntem Maasse corrigiert worden ist.

§ 5.

Die Vulgata.

A. Die Vulgata liegt in ca. 8000 Handschriften vor. Als die ältesten gelten der Codex Amiatinus (c. 700 n. Chr. cfr. Nestle, Septuagintastud. II S. 12) und der Codex Toletanus (c. 700 n. Chr., cfr. Cornill, Ezechiel 1886 S. 159). Eine kritische Ausgabe des A. T. fehlt noch völlig, sagt Nestle, Urtext und Übers. d. Bibel 1897 S. 108; denn die auf Bunsens Betreiben von Th. Heyse begonnene, von Tischendorf beendete Ausgabe kann nicht als solche betrachtet werden. — Eine Vergleichung des Vulgatatextes (bei Heyse und

des Cod. Tolet. bei Migne Patr. lat. tom 29) mit den
übrigen Rezensionen ergab folgendes Resultat:

V. weicht vom MT an c. 100 Stellen ab. Davon
kommen gegen 40 auf Kleinigkeiten. Von den noch übrigen
gehen einige auf eine andere Vorlage zurück z. B. V 1 et
unusquisque secundum suam bibebat aetatem; VI 15 in-
telligentes regem dixerunt ei; 28 perseveravit; VIII 3; IX
26. 27; XI 7; wieder andere erweisen sich als Missverständnisse des Übersetzers z. B. IV 5 collega = אָחֳרָן : MT
אָחֳרָין XI 20 vilissimus = מִצְעַר : MT מְצַבְּיר; 22 pugnantis
expugnabuntur = נרף ? : יִשָׁמְפוּ יְשַׁסַּף הַשָׁסַּף XII 2 ut videant =
לְדִרְאוֹן יִרְאוּן. : MT.

Mit Theod. geht die V. gegen die andern Zeugen c. 40
mal; mit Peschito 4 mal (I 13; VI 9; VII 4; VIII 11); mit
LXX 8 mal (II 5; VII 15; VIII 3. 6. 25; IX 27 (u. Pesch.)
30. 44). — Das Gebet des Azarias und der Hymnus der
drei Jünglinge geht auf den Cod. A, bzw. dessen Familie
zurück; vgl. III 66 ff. —

B. Die Vulgata erweist sich, soweit die unsichere Textgestalt ein Urteil gestattet, als eine wortgetreue Wiedergabe des hebr.-aram. Danielbuches.

§ 6.

Flavius Josephus.

Endlich sei noch ein Zeuge für den MT erwähnt: Fl.
Josephus. Derselbe giebt in seiner Archäologie [1] X, 10.
1—7 mehrere Excerpte aus Dan. Cp. I—VI, VIII—X, XII.
— Welcher Rezension folgt er hiebei: der LXX oder dem MT?
Dem MT folgt Josephus offenkundig bei der Citierung
nachstehender Dan.-verse:

---

[1] ed. Naber 1888. — Beachtenswert ist Nabers Notiz: „Ceterum
libri IX et X non integri mihi superesse videntur, sed passim in brevius
contracti". Vol. II. adnot. crit. XLIII.

— 22 —

MT¹ (Th.)	Josephus	LXX
II 40 Και βασι-	X 10, 4 και ταυ-	και βασ. τετ. ισχυ-
λεια τεταρτη εσται	την αλλη παυσει	ρα ✶ ως ο σιδη-
ισχυρα ως σιδηρος	την ισχυν ομοια	ρος /. ωσπερ ο σι-
ον τροπον ο σιδη-	σιδηρω και κρατη-	δηρος ο δαμ. παντα
ρος λεπτυνει και	σει δ'εις απαν δια	και ✶ ως ο σιδ. /.
δαμαζει παντα ου-	την του σιδηρου	παν δενδρον εκ-
τως παντα λεπτυνει	φυσιν.	κοπτων και σεισθη-
και δαμαζει.		σεται πασα η γη.
IV 3 και δι'εμου	10, 6 παλιν τους	fehlt.
ετεθη δογμα του	μαγους συγκαλε-	
εισαγαγειν ενωπι-	σας ανεκρινεν αυ-	
ον μου παντας τους	τους περι αυτου και	
σοφους Βαβυλωνος	τι σημαινοι λεγειν	
οπως την συγκρισιν	ηξιου.	
του ενυπνιου γνω-		
ρισωσι μοι.		
4 και εισεπορευ-	Των μεν ουν	fehlt.
οντο . . . . και το	αλλων ουδεις εδυ-	
συγκριμα αυτου ουκ	νηθη την του ενυπ-	
εγνωρισαν μου.	νιου διανοιαν ευ-	
	ρειν ουδ' εμφανισαι	
	τω βασιλει.	
6 εως ηλθε Δα-	10, 6 Δανιηλ δε	fehlt.
νιηλ . . . . 25 ταυ-	μονος και ταυτα	
τα παντα εφθασεν	εκρινε και καθως	
επι Ναβουχ. τον	ουτος αυτω προει-	
βασιλεα.	πεν απεβη.	

¹ Des Raumes halber und zur Erzielung grösserer Übersichtlichkeit wurde statt des MT die entspr. theod. Übers. hergesetzt. — Die Wichtigkeit der Sache dürfte die umfangreichere Anführung von Stellen aus Jos., MT (Th.) und LXX rechtfertigen; vgl. S. 28 Anm. 1.

MT (Th.)	Josephus	LXX
V 1. 7 εποιησε δειπνον μεγα τοις μεγιστασιν αυτου .... 2 και πιετω-σαν .. ο βασιλευς και οι μεγιστανες αυτου και αι παλ-λακαι αυτου και αι παρακοιτοι αυ-του.	11, 2 κατεκειτο δειπνων .... με-τα των παλλακι-δων και των φι-λων.	εποιησεν εστια-τοριαν μεγαλην τοις εταιροις αυτου.
9 και οι μεγιστα-νες αυτου συνετα-ρασσαντο. 10 και εισηλθεν η βασι-λισσα εις τον οικον του ποτου και ειπεν Βασιλευ .. μη τα-ρασσετωσαν σε οι διαλογισμοι σου και η μορφη σου μη αλλοιουσθω.	11, 2 Αθυμουντα δ' επι τουτω θεασα-μενη τον βασιλεα η μαμμη αυτη πα-ραθαρσυνειν ηρξα-το και λεγειν.	fehlt. 9 Τοτε ο βασιλευς εκαλεσε την βα-σιλισσαν περι του-του σημειου και υπεδειξεν αυτη ως μεγα εστι και οτι πας ... ...
		10 τοτε η βασι-λισσα εμνησθη προς αυτον περι τον Δαν. .... και ειπε τω βασιλει.
13 Τοτε Δαν. εισηχθη ενωπιον του βασιλ. και ειπεν ο βασ. τω Δαν. Συ ει Δ. ο απο των	11, 3 Ταυτ' ακ-ουσας καλει τον Δαν. ο Βαλτασαρ και διαλεχθεις ως πυθοιτο περι αυτου	Τοτε Δαν. εισ-ηχθη προς τον βα-σιλεα και αποκρι-θεις ο βασ. ειπεν αυτω.

<table>
<tr><td>

MT (Th.)

υιων της αιχμαλω-
σιας της Ιουδαιας
.... 14 ηκουσα
περι σου οτι πνευ-
μα θεου εν σοι
και γρηγορησις και
συνεσις και σοφια
περισση ευρεθη εν
σοι. 15 και νυν
εισηλθον .... οι
σοφοι .... και
ουκ ηδυνηθησαν
αναγγειλαι μοι.
16 και εγω ηκουσα
περι σου οτι δυνα-
σαι κριματα συγ-
κριναι.
17 Και ειπε Δαν.
.... τα δοματα
σοι εστω και την
δωρεαν της οικιας
σου ετερω δος εγω
δε την γραφην
αναγνωσομαι και
την συγκρισιν αυ-
της γνωρισω σοι.
18 βασιλευ ο θε-
ος .... την βα-
σιλειαν.... εδωκεν
Ναβουχοδονοσορ..
20 και οτε υψωθη

</td><td>

Josephus

και της σοφιας οτι
το θειον αυτω
πνευμα συμπαρεστι
και μονος εξευρειν
ικανωτατος α μη
τοις αλλοις εις επι-
νοιαν ερχεται φρα-
ζειν αυτω τα γε-
γραμμενα και τι
σημαινει μηνυειν
ηξιου.

11, 3 Δαν. δε
τας μεν δωρεας
αυτου εχειν ηξιου
.... και προικα
τους δεομενους
ωφελειν μηνυσειν
δ'αυτω τα γεγραμ-
μενα σημαινοντα
καταστροφην αυτω
του βιου.

11, 3 οτι μηδ'οις
ο προγονος αυτου
δια τας εις θεον
υβρεις εκολασθη
....Ναβ.μετασταν-

</td><td>

LXX

fehlt.

fehlt.

fehlt.

fehlt.

</td></tr>
</table>

MT	Jos.	LXX
η καρδια αυτου και	τος εις διαιταν θη-	fehlt.
το πνευμα αυτου ε-	ριων ...	
κραταιωθη του υ-		
περηφανευσασθαι..		
21 ... απο των		
ανθρωπων εξεδιω-		
χθη ... και μετα		
οναγρων η κατοι-		
κια αυτου και χορ-		
τον ως βουν εψω-		
μιζον αυτον ...		
22 και συ ουν ο υι-	.. ληθην αυτος	fehlt.
ος αυτου Βαλτασαρ	ελαβε τουτων και	
ου παντα ταυτα εγ-	πολλα μεν εβλασ-	
νως; 23 και επι τον	φημησεν εις το	
κυριον... υψωθης.	θειον.	
και τα σκευη του	τοις δε σκευεσιν	23 βασιλευ συ
οικου αυτου ηνεγ-	αυτου μετα των	εποιησω εστιατορι-
κας... και συ και	παλλακιδων διηκο-	αν τοις φιλοις σου
οι μεγιστανες σου	νειτο.	... και τα σκευη
και αι παλλακαι		του οικου του θεου
σου και αι παρα-		.. ηνεχθη σοι και
κοιτοι σου οινον		επινετε εν αυτοις
επινετε εν αυτοις.		συ και οι μεγιστα-
		νες σου.

Hiezu kommen noch weitere elf Citate V 26. 27. 28. 31;
VI 4. 9. 11. 18. 19. 23; VIII 7, welche ebenfalls entschieden
mit MT gehen (Jos. l. c. X 10—11. 7).

Interessant ist es, dass an einigen Stellen Jos. mit Theod.
gegen MT geht: II 32 Jos. § 10, 4 αι δε δυο χειρες: Th.
αι χειρες: MT fehlt; 34 Jos. l. c. απο ορους: Th. εξ ορους:
MT fehlt; 35 Jos. l. c. ανεμου πνευμασοντος σφοδρο-

τερου υπο της βιας: Th. εξηρεν αυτα το πληϑος του πνευματος: MT (= Aquila) ηρεν αυτα το πνευμα. Andererseits stimmt Jos. auch ein paar Mal gegen Theod. mit MT überein: VI 4. 12; VIII 10. — An mehreren Stellen ist es strittig, ob Jos. mehr mit MT oder LXX übereinstimmt. Dem MT näher stehen folgende Citate I 10; II 35; IV 32; VI 7; X 7 (— Jos. § 10—11, 7); der LXX aber näher folgende I 15; V 7. 11; VII 19 (— Jos. § 10—11, 7).

Mit LXX geht Jos. gegen MT in ausgesprochener Weise in folgenden Citaten:

MT (Th.)	Jos.	LXX
I 13 και οφϑητω-σαν . . . αι ιδεαι ημων και αι ιδεαι των παιδαριων . . . και καϑως εαν ιδης . . .	10, 2 . . ει δε μειω-ϑεντας ιδοι και κα-κιον των αλλων εχοντας . .	και εαν φανη η οψις ημων διατε-τραμμενη παρα το-υς αλλους νεανισ-κους . . .
V 16 και τριτος εν τη βασιλεια μου αρξεις.	11, 3 και το τρι-τον της εαυτου αρ-χης μερος . . .	και εξεις εξουσι-αν του τριτου με-ρους της βασ. μου . .
VI 5 fehlt.	11, 5 Ορωντες . . τον Δαν. τρις της ημερας προσευχο-μενον τω ϑεω προ-φασιν εγνωσαν . . .	. . ηδεισαν γαρ οτι Δαν. προσευχε-ται . . . τρις της η-μερας . . — Ebenso VI 8.

Ein eigenartiges Gemisch von LXX- und MT-Lesarten liegt in folgenden Citaten vor:

V 7 και εβοησεν | 11,2 συνεκαλεσε | και ο βασιλευς
ο βασιλευς..εισαγα- | τους μαγους . . . | εφωνησε.. καλεσαι
γειν Χαλδαιους ..| Των δε μαγων ου- | τους επαοιδευς . .
και ειπε τοις σοφοις δεν . . . | συνιεναι | και ουκ ηδυναντο
Ος αν αναγνω την λεγοντων... | ο βα-.| συγκριναι τω βασι-

MT (Th.)	Jos.	LXX
γραφην ταυτην	σιλευς... κατα πα-	λει τοτε ο βασ.
και την συγκρι-	σαν εκηρυξε την	εξεθηκε προσταγ-
σιν .. πορφυραν	χωραν τω τα γραμ-	μα λεγων πας ανηρ
ενδυσεται και ο μα-	ματα και την υπ᾽	ος αν υποδειξη το
νιακης ... και	αυτων δηλουμε-	συγκριμα της γρα-
τριτος εν τη βασι-	νην διανοιαν σα-	φης στολιει αυτον
λεια μου αρξει.	φη ποιησαντι διω-	πορφυραν και μα-
8 και εισεπορευοντο	σειν υπισχνουμε-	νιακην .. και δοθη-
παντες οι σοφοι ..	νος.. περιαυχενιον	σεται αυτω εξουσια
και ουκ ηδυναντο	.. και πορφυραν	του τριτου μερους
την γραφην ανα-	... και το τριτον	της βασιλειας.
γνωγαι ουδε την	μερος της ιδιας αρ-	
συγκρισιν γνωρισαι	χης.	
τω βασιλει.		
fehlt.	Τουτου γενο-	8 και εισεπορευ-
	μενου του κηρυγ-	οντο οι επαοιδοι...
	ματος ετι μαλλον	και ουκ ηδυναντο
	οι μαγοι συνδρα-	... το συγκριμα
	μοντες... προς την	της γραφης απαγ-
	ευρεσιν των γραμ-	γειλαι.
	ματων ουδεν ελατ-	
	τον ηπορησαν.	
X 7 .. και οι αν-	11, 7 καταλειφ-	.. οι ανθρωποι
δρες .. εφυγον εν	θειη μονος φευ-	... απεδρασαν εν
φοβω	γοντων των φι-	σπουδη.
	λων ...	
8 και εγω υπε-		8 και εγω κατε-
λειφθην μονος ...		λειφθην μονος ...
10 και ιδου χειρ	.. τινος δ᾽αψα-	και ιδου χειρα
απτομενη μου.	μενου.	προσηγαγε μοι ...

Das Ergebnis dieser Untersuchung ist: Jos. nähert

image
not
available

sich um vieles mehr dem MT,[1] als der LXX. Und in den
Punkten, wo er letzterer näher steht, ist es sehr zweifelhaft,
ob er die griechische LXX übersetzung benützt hat; denn
er verwendet (abgesehen von καταλειπειν X 7 — Jos X 11, 7;
welches Zusammentreffen doch wohl auf Zufall beruht) keinen
einzigen der in LXX vorkommenden Ausdrücke. Hätte er
die griech. LXX eingesehen und verwertet, so müsste ge-
legentlich das eine oder andere Wort aus der griech. Vorlage in seine Danielparaphrase übergegangen sein. Dass
aber Jos. alle LXX ausdrücke, selbst die gewöhnlichsten,
absichtlich durch andere Worte ersetzt habe, ist unglaubhaft.

3. Abschnitt.

Charakterisierung der Septuagintaübersetzung und des masoretischen Textes des Buches Daniel.

I. Der Inhalt der LXX-Übersetzung des hebräischen
Danielbuches in Capp. I, II 1—4, VIII—XII deckt sich im Ganzen
mit dem des MT. Von 157 Versen stimmen 45 völlig und 89
der Hauptsache nach mit dem MT überein. Unter den
letzteren und den noch übrigen Versen befindet sich aber eine
beträchtliche Anzahl solcher Stellen, welche, ganz oder teilweise, keinen irgendwie erträglichen Sinn geben; es sei hier nur
auf VIII 11 και δι' αυτον τα ορη τα απ' αιωνος ερραχθη
25 και ποιησει συναγωγην χειρος και αποδωσεται IX 2.
24—27; XI 4—45 passim; XII 3. 6. 7 verwiesen. Sicherlich
hätte es von Seiten des Übersetzers keines grossen Auf-

---

[1] gegen H. Bloch, Die Quellen des Fl. Josephus im 5. Buch der
Archäologie 1879 S. 18 u. 20; Bludau, Die alex. Übers. S. 12; Siegfried in ZAW 1883 S. 32 ff.; Cornill, Einl. ins A. T. S. 298. — Vgl.
dazu Adam Mez, Die Bibel des Josephus 1895 S. 80 „Dem Hebräer
folgt Jos. durch das Buch Josua auf dem Fusse nach".

gebotes von Phantasie bedurft, um an die Stelle dieser widersinnigen Sätze etwas Lesbares zu setzen. Da der Übersetzer dies nicht gethan, so folgt daraus, dass er sich eben möglichst enge an seine Vorlage anschliessen wollte, um seinen Lesern einen Text zu liefern, welcher ihnen das Original ersetzen konnte.

Es müssen deshalb diejenigen Abweichungen der LXX, welche nicht als innergriechische Verderbnisse, als Miss-verständnisse oder stilistische Freiheiten des Übersetzers sich erweisen, auf Rechnung eines vom MT abweichenden hebräischen Textes gesetzt werden.

Als innergriechische Verderbnisse sind zu den von Bevan und Bludau aufgeführten noch folgende zu zählen VIII 16 προσταγμα statt πραγμα X 6 στομα st. σωμα XI 13 πο-λεως st. πολλην.

Missverständnisse liegen, ausser den von Bevan und Bludan bezeichneten, noch vor: VIII 25 και ποιησει συνα-γωγην χειρος και αποδωσεται = וְיַשְׁבִּיר יָד וְיָאֹסף: MT וּבָאָם יָד שָׁבֵי. IX 12 εκρινας ημιν = שְׁפָטֶנּוּ: MT שָׁפְטוּנוּ XI 15 και επιστρεψει τα δορατα αυτου = סָלוֹנִים וְרַהְפֵּךְ: MT וְיִשְׁפֹּךְ סוֹלְלָה. Hieher gehören sehr wahrscheinlich auch die von Bludau l. c. S. 68—77 aufgeführten „auf andern Lesarten beruhenden Abweichungen" X 5. 8. 21; XI 4. 6. 14. 17. 18. 23. 33. 35. 38. 39. 43; denn es handelt sich bei diesen meistens nur um die Verwechslung des einen oder andern Consonanten, obwohl die Möglichkeit nicht ausge-schlossen ist, dass schon die LXX diese abweichenden Les-arten vorgefunden hat.

Als stilistische Freiheiten sind anzusehen 1) die Ab-wechslung im Ausdruck z. B. I 1 παραγενομενος, VIII 6 ηλθεν (viele Beispiele bei Bludau l. c. S. 131—33), 2) die Abrundung des Satzbaues (Bl. l. c. 133 f.), 3) Gebrauch des Adjektivs für das Substantiv im Genet. qualit. (l. c. 134),

4) Attraktion des Relativs (1. c. 135), 5) kopulative und disjunktive Korresponsion von Partikeln (1. c. 138). — Die übrigen Abweichungen der LXX vom MT sind aber auf eine vom MT verschiedene Vorlage zurückzuführen.

Unter diesen auf einen andern Text zurückgehenden Abweichungen der LXX hebt sich eine Gruppe besonders hervor: eine Anzahl von Stellen, in welchen die späthebräischen und die aramaisierenden Ausdrücke des MT entweder gar nicht oder nicht völlig entsprechend wiedergegeben sind. Dies ist auffallend, weil die LXX übersetzer im Aramäischen besser, als im Hebräischen bewandert waren und auch thatsächlich einigen hebräischen Wörtern die entsprechende aramäische Bedeutung unterlegten (z. B. VIII 2 אוּבָל nach dem aram. אֲבוּל mit πυλη übersetzt; XI 16 הַצְּבִי: LXX (Syr.) της θελησεως — aram. צְבָא wollen, ebenso XI 45; XII 2 לְדִרְאוֹן: LXX εις διασποραν — aram. דְּרָא ausstreuen; 4 יְשֹׁטְטוּ: LXX απομανωσιν — שְׁטָא aramaisierend — wahnsinnig sein (vgl. Bludau 1. c. S. 96). Man sollte deshalb auch erwarten dürfen, dass gerade die späthebräischen und die aramaisierenden Redebestandteile in der LXX am treffendsten wiedergegeben seien. Aber gerade das Gegenteil ist der Fall; man vergleiche den MT mit der LXX an folgenden Stellen: 4 מַדָּע „zweifellos aus dem Aram. entlehnt"(Bevan[1] S. 59, Behrmann pg. III): σοφους, 5 וַיְמַן späthebr. (Bev. 60, Behrm. III): και διδοσθαι, 10 אֲשֶׁר כְּנִילְכָם aus dem Aram. entlehnt (Bev. 61, Behrm. III): τους συντρεφομενους ημιν νεανιας, 10 וְחַיָּבְתֶּם aram. (Bev. 30, 61, Behrm. III, 4): και κινδυνευσω, 12 וַיִּתֵּן ein Aramaismus (Behrm. 5): και δοθητω, 13 תְּרָאֵה aramäisch vokalisiert (Behrm. 1. c., Bev. 62): θελης, 16 וְזֵרְעֹנִים talmud. Form (Bev. 62, Behrm. 5): απο των οσπριων, II 2 וְלַכַּשְׂפִּים וְלַמְכַשְּׁפִים dazu bemerkt Schrader

---

[1] A short comment. of the book of Daniel, Cambr. 1892.

Die Keilinschr. und das A. T.¹ S. 429 „Die uns im Buche Daniel entgegentretende Bedeutung (von נְּשׂדִים) „Weise" ist dem assyr.-babylonischen Sprachgebrauch fremd, hat sich überall erst nach dem Untergang des babylonischen Reiches gebildet und ist so auch ihrerseits ein sicherer Beweis für die nachexilische Abfassung des Buches Daniel": Die LXX Dan. hat dagegen τους φαρμακους των Χαλδαιων. Ebenso geht aus III 8 ανδρες Χαλδαιοι, 26. 48 hervor, dass auch in II 4. 5. 10 οι Χαλδαιοι nicht als Bezeichnung für „Weise", sondern als Völkername aufzufassen ist; es steht im latenten Gegensatz zu οι Ιουδαιοι. Im ausgesprochenen Gegensatz steht es III 8 vgl. 12. Die einzige Stelle, welche dagegen zu sprechen scheint II 10, ist vermutlich aus Theod. interpoliert. VIII 2 הַבִּירָה späthebr. Wort (Behrm. S. 51): τῃ πολει, 13 אֶחָד קָדוֹשׁ das Weglassen des Artikels ist späthebr. (Behrm. III): ο ετερος, 25 וּבְשַׁלְוָה = aram. בשליה unversehens (Behrm. III, Bev. 31): δολῳ, IX 26 שָׁבֻעִים שִׁשִׁים שְׁנַיִם späthebr. Wortstellung (Gesen. Gramm.²⁵ S. 420): επτα και εβδομηκοντα και εξηκοντα δυο (+ εβδομαδας Syr. marg.), X 7 אֲבָל in adversativer Bedeutung aramaisierend (Behrm. III, Gesen. Hdwörterb.¹² s. v., späthebr.): και, 16 עָצַרְתִּי כֹחַ späthebr. (Bev. 29) ην επ᾽ εμοι ισχυς, 21 אֲבָל vgl. X 7: και μαλα, X 21 רָשׁוּם späthebr. (Bev. 30): τα πρωτα, XI 6 יִתְחַבָּרוּ späthebr. (Bev. 29): αξιι αυτους, XI 12 רְבָאוֹת aram. Bildung (Behrm. 73): πολλους, XI 26 פַּת בָּגוֹ pers. (Bev. 60): μεριμναι αυτου.¹ 43 בְּמִכְמָנֵי aram. (Behrm. III, 81, Bev. 199): του τοπου.

Andererseits giebt es auch in der LXX mehrere Stellen, welche dem späthebr. oder aramaisierenden MT

---

¹ Vergl. noch dazu Behrmann l. c. III: „Vom älteren Hebräisch weicht die Sprache unseres Buches ab. Es zeigt sich eine Abstumpfung des Gefühls für grammat. Genauigkeit . . in dem unterschiedslosen Gebrauch verschiedenartig gebildeter Formen derselben Wörter dicht

entsprechen: I 3 הַפַּרְתְּמִים = LXX επιλεκτων, 5 מִפַּת־בַּג —
απο της .. τραπεζης (in 8. 13. 15. 16 = δειπνον), 10 עָפִים —
διατετραμμενα και ασθενη, 17 מַדָּע — επιστημην και
συνεσιν (letzteres Wort vermutlich Interpolation aus Theod.),
VIII 7 וַיִּתְמַרְמַר = εθυμωθη, 11 הַתָּמִיד — θυσια, IX 4 וָאֶתְוַדֶּה
= εξωμολογησαμην, X 21 בִּכְתָב = εν απογραφη, IX 24
נֶחְתַּך — εκριθησαν, X 21 מִתְחַזֵּק — ο βοηθων, XI 6 תַעֲצֹר כּוֹחַ
— ου μη κατισχυσει, 17 בְּתָקֵף = βιᾳ, 20 עַל־כַּנּוֹ — εις ανα-
στασιν, 21 עַל־כַּנּוֹ — επι τον τοπον αυτου, (ebenso 38), 45
אַפַּדְנוֹ altpers. = τοτε (— aram. אַף דְּנָה). (Zum Vorstehenden
vergl. Behrmann pg. II, III, 1 ff, Bevan 29—32, passim).

Diese Erscheinungen erklären sich zur Genüge durch die
Annahme, dass der LXX Dan. eine vom MT verschiedene
Vorlage zu Grunde liegt. —

II. Die Übersetzung des aramäischen Danielbuches
II 4—49, III—VII weicht viel stärker, als die des hebräischen
Dan., vom MT ab. Die Mehrzahl der Exegeten schiebt die
Schuld hiervon auf den (bezw. die) Übersetzer, welcher in
der LXX Dan. eine Paraphrase geboten habe, wie sie nur
in den ältesten Targumim zu finden sei. Ob mit Recht?
Gerade in den ältesten Targumim zeigt sich eine peinliche
Genauigkeit, welche kein Wörtchen, keine Silbe des Grund-
textes verloren gehen lässt. Selbst bei der grössten Freiheit
und bei der ungebundensten Willkür dem Geiste gegenüber
die sklavischste Treue gegen den Buchstaben — das ist die
Signatur des Targums.[1] Von einer solchen Treue aber
findet sich in der LXX-übersetzung des aram. Dan. keine
Spur. Es fehlen bei ihr nicht nur kleinere, sondern selbst

---

neben einander (... חלקה XI 32 und חלקלקּה XI 21; הרשיעו IX 5 und
רשעי IX 15 .. תתם II 1 und תמם II 3)¹⁴. Anders dagegen die LXX:
εν σκληρῳ λαῳ XI 32 und εν κληροδοσιᾳ XI 21; ησεβησαμεν IX 5 und
ηγνοηκαμεν IX 15; ταραχθηναι II 1 und εκινηθη II 3.

[1] Vgl. Cornill Ezechiel S. 121.

grössere Partieen des MT, z. B. in Kap. V. Es ist ferner unbegreiflich, wie die LXX, wenn sie wirklich eine targumistische Paraphrase war, Verse wie IV 32, wo von der Macht des wahren Gottes die Rede ist, und VI 22, wo die Errettung Daniels durch einen von Gott gesandten Engel erwähnt wird, hätte weglassen können. Die LXX Dan. ist überhaupt keine Paraphrase; denn zum Begriffe Paraphrase gehört nicht nur, dass die Stellen umschrieben werden, sondern auch, dass schwierigere Stellen durch die Umschreibung einen annehmbaren Sinn erhalten. Letzteres ist bei der LXX Dan. nicht der Fall: man denke nur an sinnlose Sätze wie II 40 και ως ο σιδηρος παν δενδρον εκκοπτων· και σεισθησεται πασα η γη, V, 6 και οι συνεταιροι κυκλω αυτου εκαυχωντο, VII 5 και επι του ενος πλευρου εσταθη, 8 και βουλαι πολλαι εν τοις κερασιν αυτου, 13 και οι παρεστηκοτες παρησαν αυτω, 26 και βουλευσονται μιαναι και απολεσαι εως τελους. Die LXX Dan. ist auch keine tendenziöse Bearbeitung des MT; denn es fehlt die Tendenz. Nach Hävernick zwar soll sich der Zweck und die Absicht bei allen Abweichungen genau nachweisen lassen; es zeige sich meist das Bestreben, die Wunderbegebnisse mehr zu veranschaulichen und zugleich zu erklären. Dem widersprechen aber Kapp. IV und V. Kap. IV ist in der Fassung des MT viel verständlicher und anschaulicher, als in der LXX-übersetzung (siehe Bludau l. c. S. 208); das Gleiche ist bei Kap. V der Fall. Man vergleiche beispielshalber IV, 23, 30, 32; V 13—15. 18—22. 26—28 in den beiden Rezensionen. Auch Kap. VI 4—6 zeigt dasselbe Verhältnis. Nach Wiederholt aber verfolgte der Übersetzer den Zweck, seinen Zeitgenossen das Buch Daniel in einer Gestalt darzubieten, in welcher es ihrem Geschmacke zusagte. Besondere Gewandtheit hätte der Überarbeiter jedoch hierbei nicht verraten; so wird z. B. in V. 32, wo schon die

Genesung vom Wahnsinn erzählt ist, sehr ungeschickt wiederholt, dass der König einen Traum gehabt hat, welcher den
Wahnsinn ihm erst andeutete. „Wenn wirklich der Übersetzer
Kap. IV überarbeitet hätte", bemerkt Bludau l. c. S. 208
mit vollem Recht gegen Wiederholt, „würde er doch wohl
nicht dergleichen Ungefügigkeiten und Abweichungen, welche
keinen Sinn geben und die Ordnung stören, in die Übersetzung hineingetragen haben, wollte er diese dem Geschmack seiner Leser besser anpassen". Es müsste dies in
der That ein sonderbarer Geschmack gewesen sein. Wenn
aber zum Beweise einer planmässigen Überarbeitung des
MT auf Abkürzungen in Kap. III 3. 7. 10. 15, wo in der
LXX die wiederholte Aufzählung der Beamtennamen und
Musikinstrumente übergangen sei, hingewiesen wird, so
lässt sich dem gegenüberhalten, dass in diesen Versen eben-
sogut auf Seite des MT eine Erweiterung, als auf Seite der
LXX eine Abkürzung, vorliegen kann. Muss denn gerade
der Verfasser des Danielbuches der Umständlichste gewesen
sein? Dass es nicht in der Absicht des Übersetzers gelegen
hat, an seiner Vorlage Namen oder Beinamen abzukürzen, geht
aus dem hervor, dass die LXX selber an einigen Stellen un-
nötige Zusätze, welche im MT fehlen, aufweist z. B. III 2. 3. 22.

Es bleibt somit nur die Möglichkeit übrig, dass die LXX
in der Hauptsache auf einen vom MT abweichenden Text
zurückgeht. Schon Bertholdt, Daniel aus dem Hebräisch-
Aramäischen, Erlangen 1806 I S. 98 ff. hat diese Ansicht
ausgesprochen: „Dass die Abweichungen erst von dem
Übersetzer verschuldet wären, kann man unmöglich glauben,
sobald man den Bibeltext genau mit dem Griechischen ver-
gleicht. Eines Teils bestehen sie zwar nur in hinzugesetzten
überflüssigen Neben- und Flickworten, in bestimmteren
Ausdrücken und Bezeichnungen. Dies liesse sich wohl auf
Rechnung eines freien Übersetzers schreiben. Was will man

aber sagen, wenn man auf Stellen stösst, wo der Übersetzer, wenn er nicht als der unbescheidenste, frivolste und gewissenloseste Mensch erscheinen soll, einen ganz andern Text vor sich haben musste, um so, wie man bei ihm liest, übersetzen zu können? Welcher Übersetzer hätte sich noch erlaubt, ganze Sätze zu verändern oder herauszuwerfen, andere dafür einzuschieben und sein Original fast ganz zu verwischen? Warum hat uns der Übersetzer dieser Aufsätze nicht lieber in einer ganz umgearbeiteten Gestalt geliefert? Warum bleibt er teilweise bei dem Buchstaben und nimmt solche gewaltsame Veränderungen nur hin und wieder vor? . . . Man kann daher garnicht daran zweifeln, dass sie aus einer andern Rezension . . geflossen sind".

Zu Gunsten dieser Ansicht spricht auch Folgendes: An 15 Stellen (II 28; IV 3. 4. 5. 6. 15. 21; V 1. 10. 11. 14. 15. 16. 29; VI 2) berührt sich der aram. MT des B. Dan. mit der Josephsgeschichte der Genesis; — 7 davon sucht man vergebens in der LXX Dan. (IV 5. 6. 15; V 14. 15. 16; VI 2). Das Fehlen dieser Stellen sucht nun Dr. Rosenthal ZAW 1897 S. 125 ff folgendermassen zu erklären: „IV 6. 15; V 14. 15. 16 . . sind . . miteinander verwandt, als sie von Daniels Sehergabe, von dem in ihm vorhandenen Gottesgeiste sprechen". „VI 15. 16, (19) betreffen des Darius Verzagtheit, Sorge um Daniels Schicksal, also jedenfalls die Stimmung eines Königs". Eine ganz genau erkennbare Absicht hat nun, nach Dr. Rosenthal, den Übersetzer bei diesen Weglassungen geleitet. „Weshalb wohl die Sätze beim Griechen fehlen", fragt der genannte Gelehrte, „in welchen dem Daniel der Gottesgeist zugesprochen wird"? „Je mehr man sich nämlich daran gewöhnte, Daniel als zu den Prophetenbüchern gehörig zu betrachten, desto mehr war man in jüdischen Kreisen bestrebt, ihn zu den Kethubim zu rechnen und die Zahl der Prophetenbücher nicht zu vermehren. Die Rabbiner machen einen ganz genauen Unterschied zwischen ihm und den letzten Propheten und finden, dass er kein Prophet gewesen ... Da die griechischen Übersetzungen gewissen Zwecken oft ganz dienstbar gemacht worden sind, so mag bei der Fortlassung der angegebenen Stellen die Absicht obgewaltet haben, Daniel eine Stufe unter die Propheten zu rücken". Diese Aufstellungen sind unhaltbar; denn auch in der LXX Daniel V 12 και πνευμα αγιον εν αυτω εστι wird dem Daniel der Gottesgeist und die Prophetengabe II 19. 23. 28 (vgl. dazu I 17) zuerkannt. Wenn Dr. Rosenthal ferner schreibt: „Die verzagte Stimmung und die Kasteiungen, die sich Darius auflegt, sind vielleicht der Würde eines Königs auch nicht entsprechend". „Ebenso war es vielleicht nicht der Würde des Königs entsprechend, sich bei seiner Sorge um Daniel soweit herabzulassen", so ist hiegegen zu bemerken, dass nicht die LXX Dan., sondern gerade der MT durch grössere Rücksichtnahme auf die Person des Königs sich auszeichnet vgl. II 7 LXX βασιλευ το οραμα ειπον: MT (Theod.) ο βασιλευς ειπατω το ενυπνιον, 16 Δαν. εισηλθε ταχεως προς τον βασιλεα και ηξιωσεν: Δαν. η- ξιωσεν τον βασ., IV 21 επι σε κατατρεχουσιν: ο εφθασεν επι τον κυριον μου του βασιλεα, V 10 η βασιλισσα εμ- νησθη προς αυτον: και ειπεν βασιλευ εις τον αιωνα ζηθι, VI 6 και ειπαν εναντιον του βασιλεως : και ειπαν αυτω Δα- ρειε βασιλευ εις τον αιωνα ζηθι, 22 βασιλευ ετι ειμι ζων : βασιλευ εις τους αιωνας ζηθι, ο θεος ... Überdies kann man „die verzagte Stimmung des Königs, dessen Kasteiungen und bekümmerte Sorge um Daniel" nicht blos im MT, sondern auch in der LXX Dan. lesen vgl. VI 14 και λυπουμενος ο βασιλευς ... τοτε ο βασιλευς σφοδρα ελυπηθη επι τω Δανιηλ., 18 .. και ηυλισθη νηστις και ην λυπουμενος περι του Δα- νιηλ, 20 ... μετα κλαυθμου λεγων (fehlt im MT).

An 4 Stellen berührt sich der MT Dan. mit dem des Estherbuches (V 2. 3; VI 2. 19). Es fehlen aber sämtliche 4 Stellen in der LXX Dan. Dr. Rosenthal meint nun, es möchte in der Rücksicht der Übersetzer gegen das Königshaus begründet sein, dass die beiden Belsazar betreffenden Sätze fehlen. „Ein König darf nicht in so gehässigem Lichte gezeigt werden. Vielleicht fehlen darum solche Angaben über Belsazar". Hierauf ist zu erwidern: Die LXXübersetzer nahmen allerdings Rücksicht auf das ptolemäische Königshaus (vgl. Levit. XI 5); aber Belsazar war doch kein ägyptischer, sondern ein babylonischer König. Wenn diesem etwas Schlimmes nachgesagt wurde, so konnte dies vernünftigerweise die Ptolemäer nicht beleidigen. Wären sie trotzdem so zartfühlend gewesen, so haben die LXXübersetzer thatsächlich keine Rücksicht hierauf genommen. Dies erhellt deutlich an LXX Dan. IV 20, V 2 και ανυψωϑη η καρδια αυτου, VII 24. 25; ebenso ergiebt sich dies aus der LXX-übersetzung des ganzen A. Test., in welcher oftmals den Trägern einer Königskrone Unschönes nachgesagt wird.

Der Übersetzer hat jene fehlenden Stellen nicht vorgefunden; sonst hätte er sie ebenso gut, wie die andern übersetzt. Weshalb sollte er von 14 mit der Genesis verwandten Stellen die eine Hälfte übersetzt und die andere weggelassen haben? Weshalb sollte er die höflichere Sprache des MT vergröbert haben?

Hiezu kommt noch ein Weiteres. In der LXX Dan. fehlen bezw. sind nicht entsprechend wiedergegeben 38 Ausdrücke nichthebräischen, vornehmlich aramäischen und persischen Ursprungs: II 5 אזדא persisch: LXX απεστη, 5 הדמין תתעבדון pers.: παραδειγματισϑησετε, ebenso III 29 (96), 5 ובתיכין נולי יתשמון aram.: και αναληφϑησεται υμων τα υπαρχοντα εις το βασιλικον,[1] 6 ונבובה pers.: LXX

---

[1] Vgl. damit die Bezeichnung von Steuerabgaben als „Abgaben für

fehlt, 9 דתכון pers.: LXX fehlt, 10 רב מלך pers. Königstitel:
βασιλευς (dagg. II 37); 11 ואתרן targum.: ουδεις, 13 דתא
pers.: εδογματισϑη, 15 דתא pers.: δογματιζεται, 15 מהתצפה
mischn.: πικρως, 18 שמיא אלה nachexil.: του κυριου του
υψιστου (dagegen in IV 31. 33 hat auch die LXX ο ϑεος
του ουρανου, weshalb hier nicht?), 19 שמיא לאלה nachexil.:
τον κυριον τον υψιστον, 30 יהודעון mischn.: εσημανϑη, רב־סננין
assyr. oder aram.: ηγουμενον; III 6 בה־שעתא nachbibl.
* αυτη τη ωρα /., 10 שמת טעם aram.: προσεταξας και εκρινας, 12 טעם . . לא־שמו עליך aram.: ουκ εφοβηϑησαν σου
την εντολην, 14 הבדא pers.: δια τι, 21 במרבליהון Fremdwort: εχοντας τα υποδηματα αυτων (vgl. dagg. 94); 24
(91) להדברוהי Fremdwort (pers.): τοις φιλοις αυτου, 29 (96)
טעם שים ומני aram.: και . . εγω κρινω, IV 14 עירין aram.:
LXX fehlt, IV 14 פתגמא pers.: LXX fehlt, 23 שמיא = Gott,
mischn.: LXX fehlt, 32 בידה mischn.: LXX fehlt, V 2
ורברבנוה späthebr.: τοις εταιροις αυτου, 2 שנלתה ולחנתה späthebr. und aram.: LXX fehlt, 5 נברשתא späthebr. und aram.:
κατεναντι του φωτος, 5 פס späthebr.: LXX fehlt, 6 חרצה
späthebr.: LXX fehlt, 12 אחירן aram.: LXX fehlt, 23 שנלתך
ולחנתך späthebr. und aram.: LXX fehlt, VI 7 הרנשו talmud.:
LXX fehlt, 7 ברת pers.: LXX fehlt, 8 ולתקפה aram.: fehlt
LXX, 19 דחון unsicheres Wort: LXX fehlt, 21 עציב בקל
targum.: φωνη μεγαλη. —

Daneben giebt es aber auch in LXX Stellen, wo
die griechische Übersetzung den Fremdwörtern ziemlich
genau entspricht II 16 זמן: χρονος, 18 רוא: το μυστηριον,
31 חיוה: και η προσοψις αυτης, 35 מראדרי־קים: εν αλωνι
(אדרי = jüd. aram.), III 2 אחשדרפניא סנגיא ופחותא אדרגזריא: panta ta εϑνη και
נדבריא הדתבריא תפתיא וכל שלטני מדינתא: παντα τα εϑνη και

---

das Königshaus" (nadanâtu ša bît sarri) auf Keilschrifturkunden aus der
Zeit des Artaxerxes I (Theol. Literaturzeitung 1898 Nr. 16 S. 434).

φυλας και γλωσσας σατραπας στρατηγους τοπαρχας και
υπατους διοικητας και τους επ' εξουσιων κατα χωραν και
παντας τους κατα την οικουμενην, 3 im MT dieselben Namen,
wie 2, in LXX dagegen: * υπατοι στρατηγοι τοπαρχοι ηγου-
μενοι τυραννοι μεγαλοι επ' εξουσιων και παντες οι αρ-
χοντες των χωρων /. (Cod. 87 Syr.) Interpol. aus Theodotion.
Wie die LXX, so hat auch Theodotion nur sieben Amtsnamen;
es könnte deshalb die LXX-übersetzung immerhin auf die im
MT vorliegenden fremdländischen Amtsbezeichnungen zurückgehen, wenngleich das „παντα τα εθνη και φυλας και
γλωσσας in 2 für eine abweichende Vorlage spricht. 4
וכרוזא קרא בחיל: και ο κηρυξ εκηρυξε τοις οχλοις; auffallend bleibt es, weshalb im MT nicht אבריז wie in Kap.
V 29, sondern קרא steht. Übrigens ist die griechische Her-
kunft von כרז nicht unbestritten. De Vogüé folgert aus der
Inschrift eines Siegels, das in die Zeit vor dem 6. Jahrhundert gehört (Behrmann IX; Bevan 107 „a seal of un-
certain date (though from the writing it would appear to be
very ancient)"; cfr. Corp. Inscr. Sem. II 86) „לכרוי“, dass
die aram. Wurzel כרז nicht mit dem griech. κηρυσσειν zu-
Dalman¹ dagegen führt כרוז auf κηρυξ zurück und lässt אבריז
von כרוז denominiert sein. In diesem Falle erwartet man aber
die Schreibung mit ק statt mit כ²; vgl. קיתרס im folgenden Verse.
5 קרנא משרוקיתא קיתרס שבכא פסנתרין סומפניה וכל זני זמרא:
της σαλπιγγος συριγγος και κιθαρας σαμβυκης και ψαλτηριου συμφωνιας και παντος γενους μουσικων, 7. 10. 15
im MT dieselben Namen für die Musikinstrumente, wie
5: LXX ebenso, nur ηχου statt γενους. Übrigens
scheint es bei LXX nicht ausgeschlossen zu sein, dass ein
Teil der Namen aus Theodotion interpoliert wurde. Der

---

¹ Die Worte Jesu, Lpzg. 1898 S. 86.
² Strack und Siegfried, Lehrbuch d. Neuhebr. Sprache 1884 S. 12.

Cod. Syro-hex. Ambros. giebt nämlich in 5 „σαμβυκης"
nur in margine, in 7 hat er „συριγγος και κιθαρας σαμβυκης " sub aster., desgleichen Cod. Syr. hex. und
Cod. Chis. „τε και ψαλτηριον", in 10 hat ebenfalls der
Syr.-hex. „συριγγος τε και σαμβυκης" sub aster., beide
Codd. „κιθαρας και ψαλτηριου", in 15 haben gleichfalls
beide Codd. „συριγγος τε και κιθαρας σαμβυκης τε και
ψαλτηριου και συμφωνιας" sub aster. Beachtenswert ist,
dass Josephus nur ein Instrument nennt „οτε αν σημαινου-
σης ακουσωσι της σαλπιγγος". 16 פתגם : τη επιταγη, (dagegen findet es sich LXX IV, 14 nicht wiedergegeben). 19
חד־שבעה : επταπλασιως, derselbe Multiplikationsausdruck
findet sich im Targ. Jer. XVII, 18 und im Syr. z. B. P. XI 8.
13 (Behrmann l. c. S. 22). 27 (94) ומרבליהון : και τα σαραβαρα
αυτων, dagegen in 21 mit τα υποδηματα übersetzt; auch
hier ist Interpolation aus Theodotion nicht ausgeschlossen.
V 7 והמניכא : και μανιακην, desgl. 16 und 29; übrigens
kommt μανιακης auch bei Polybius vor. VII 15 בגו גדנה :
εν τουτοις = בגין דנה (ZDMG 32, 754) = Vulg. in his. —
Weshalb hat der griech. Übersetzer jene 38 Ausdrücke
nicht ebenso entsprechend wiedergegeben, wie die letztgenannten? Hat er sich bei deren Wiedergabe einige
Freiheit gestattet? Eine solche lässt sich mit der sonstigen
peinlichen Genauigkeit, womit selbst sinnlose Sätze überliefert werden, nicht vereinigen. Oder war es Unkenntnis,
welche ihn zu einer Umschreibung jener fremdsprachlichen
Wörter zwang? Bei den assyrischen und persischen Wörtern könnte man dies annehmen, nicht aber bei den spezifisch
aramäischen. Oder lässt sich eine Absicht bei der Abänderung oder Weglassung der betr. Ausdrücke erkennen?
Bezüglich II 5; III 18. 29 (96); VI 19 wird dies fast allgemein
bejaht. Zu II 5 und III 29 (96) bemerkt z. B. Bludau l. c.
S. 45: „Aus Rücksicht auf den Anstand hat der Übersetzer

jene minder decenten Ausdrücke גּוֹלִי, גּוֹלוֹ dem Sinne nach
(αναληφϑησεται .... εις το βασιλικον, δημευϑησεται)
wiedergegeben". Das gerade Gegenteil hievon zeigt aber
II Reg 10, 27 und 18, 27, wo nicht die LXX, sondern das
Kere des MT den decenteren Ausdruck aufweist. Zu
Kap. V 2. 23 bemerkt Bludau S. 45: „Aus ähnlichen Grün-
den vielleicht .... übergeht der Übersetzer V 2. 3 und
23 den Umstand, dass die Weiber des Harems als Teil-
nehmerinnen des Zechgelages und der Entweihung der
heiligen Gefässe auftreten, zumal die griechische Sitte mit
der orientalischen hierin in Widerspruch stand". Allein
fürs erste war der Übersetzer kein geborener Grieche und
fürs andere handelt es sich im Kap. V nicht um ein grie-
chisches, sondern um ein babylonisches Gastmahl, nicht um
einen befreundeten König, sondern um Belsazar, den Ent-
weiher der heiligen Tempelgeräte, den zu schonen der
Übersetzer durchaus keinen Grund hatte. In anderen
biblischen Büchern (z. B. Job I, 4) haben die griechischen
Übersetzer keine derartige Zensur geübt, wie sie ihnen hier
zugeschrieben wird. — Eine tendenziöse Abänderung soll
ferner in III 17 הֵן אִתַי אֱלָהַנָא = Theod. εστιν γαρ ϑεος:
LXX εστι γαρ ϑεος vorliegen. Hierauf ist zu erwidern,
dass auch Theod. das הֵן des MT mit εστιν γαρ übersetzt.
Wenn es ferner richtig sein sollte, dass der LXX-übersetzer
aus religiösem Eifer zur Wahrung der Ehre Gottes diese
Änderung vorgenommen habe, weshalb hat er dann Stellen
wie V 18. 21, wo Gott verherrlicht wird, weggelassen? —
Wie lässt sich erklären, dass der Übersetzer das eine Mal
gegen MT (— Th. ο ϑεος του ουρανου) κυριος ο υψιστος
setzt, das andere Mal mit MT ο ϑεος του ουρανου, dass
er das eine Mal כַּרְבֵּל mit υποδηματα übersetzt, das zweite
Mal mit σαραβαρα wiedergiebt, dass er das eine Mal פִּתְגָּם
mit επιταγη übersetzt, das andere Mal einfach weglässt?

Willkür kann es, wie schon bemerkt, nicht gewesen sein.
Die einzig annehmbare Erklärung liegt auch hier in der
Annahme: Der griechische Übersetzer hat einen vom MT
verschiedenen Text als Vorlage benützt. Es sei gestattet, die Gegenprobe zu machen. Bisher
suchte man nur bei dem griech. Übersetzer nach Motiven,
welche denselben zu einer Textesänderung veranlassen
konnten. Könnte aber nicht auch das umgekehrte Verhältnis vorliegen, dass der MT, nach der Anfertigung
der LXX-übersetzung, nach bestimmten Gesichtspunkten
abgeändert worden ist? Es ist bekannt, dass die Juden nach
den Kämpfen mit den Syrern immer engherziger gegen die
Heiden wurden und sich immer mehr von ihnen absonderten.
Eine solche Engherzigkeit zeigt sich in der That auch im MT
Dan. Es fehlen nämlich bei ihm alle Stellen, wo in LXX
die Heiden zu Gott beten (IV 30 LXX . . . (Ναβουχοδ.)
εδωκα την ψυχην μου εις δεησιν και ηξιωσα περι των
αμαρτιων μου . . . κατα προσωπον Κυριου του θεου του
ουρανου: MT (= Th.) .. τους οφθαλμους μου εις τον ουρα-
νον ανελαβον .. και τω υψιστω ευλογησα; VI 26 παντες
οι ανθρωποι .. εστωσαν προσκυνουντες και λατρευοντες
τω θεω του Δαν. : MT (= Th.) .. ειναι τρεμοντας και
φοβουμενους απο προσωπου του θεου Δαν., vgl. III 34
LXX απο του νυν εγω αυτω λατρευσω : MT fehlt. Es
fehlt ferner im MT die Stelle, wo in LXX ein Heide
dem Herrn ein Opfer darbringen will (IV 34 τω υψιστω
θυσιας προσοισω . . . . προσφοραν προσφερετε αυτω .. :
MT fehlt.), ebenso die Stelle, welche über das fromme,
gottgefällige Leben des heidnischen Nebukadnezar bezw.
über dessen Entschluss hiezu berichtet (IV 34 και το
αρεστον ενωπιον αυτου ποιησω και ο λαος μου .. : MT
fehlt). Da in jenen Zeiten vom eigenen jüdischen Glaubens-
genossen der Satz galt: der Ungelehrte kann sich nicht in

Acht nehmen vor der Sünde und der Laie kann nicht
wahrhaft fromm sein, so ist es nicht zu verwundern, wenn
die letztere Stelle in den Augen eines pharisäisch gesinnten
Redactors keine Gnade gefunden hat. Als eine Folge der zu-
nehmenden Exklusivität gegen die Heidenwelt erklärt es sich
auch, dass der Ausdruck VI 13 „Δανιηλ τον φιλον σου"
Anstoss erregte und durch Δανιηλ απο των υιων της
αιχμαλωσιας της Ιουδαιας (Th. — MT) ersetzt wurde (vgl.
auch Kap. XIV 2 Δαν. . . συμβιωτης του βασιλεως LXX
— Th., vielleicht fehlt deswegen das ganze Kap. XIV im
MT). Anstoss musste auch die Freudenbotschaft eines
Engels an den Heiden Nebukadnezar erregen IV 30
. . . αγγελος εις εκαλεσεν με . . .; sie fehlt deshalb
im MT. — Gründe anderer Art waren es, welche die Aus-
merzung des Gebetes und des Hymnus in Kap. III veran-
lassten. In der Vorrede zum Dan.-kommentar berichtet
Hieronymus, die Juden hätten zu seiner Zeit gegen die
beiden Gebete den Einwand gemacht, dass die Bekenner
in dem Feuerofen keine Zeit gehabt hätten, Gott zu loben.
Um nun jede Anspielung auf die beiden Gebete zu vernichten,
wurden die Verse 22 und 23 ebenfalls weggelassen und
zur Verdeckung der Lücke und Wiederherstellung des Zu-
sammenhanges aus V 48 der Satz: „τους ανδρας εκεινους
οι εβαλον Σεδρ. Μ. και Α. απεκτεινε, αυτους η φλοξ του
πυρος" Th — MT eingeschoben. — Auch stilistische Rück-
sichten haben zur Änderung des Textes das ihrige bei-
getragen. Kap. VI in LXX ist, wie der Augenschein
lehrt (z. B. V. 5) nicht gut stilisiert; der MT ist entschieden
geordneter und eleganter. Bernheim, Lehrbuch der histor.
Methode Lpzg. 1889 S. 283 schreibt: „Wenn von zwei
verwandten Quellen Sprache, Stil und Komposition der
einen fliessend, rein, glatt, wohlgeordnet, der anderen ungeschickt, inconcinn, ungeordnet sind, wird die erstere aus

der letzteren abgeleitet sein, weil es unwahrscheinlich ist, dass ein Schriftsteller den guten Stil, der ihm in einer Vorlage geboten ist, verschlechtere, während es umgekehrt sehr natürlich ist, dass ein Schriftsteller den ihm ungenügenden Stil seiner Vorlage verbessere". Es gebührt deshalb der LXX-vorlage der Vorzug der Priorität vor dem MT, welcher sich damit als nachträglich überarbeitet erweist. Ähnlich liegt die Sache bei Kap. IV, 3—6. Ferner verdient nach dem Grundsatze der Kritik bei Parallelstellen diejenige Lesart, wodurch eine Verschiedenheit statt völliger Übereinstimmung gewonnen wird, den Vorzug; nun stimmt aber Kap. IV im MT in der Anlage mit Kap. II 2 überein, während Kap. IV in der LXX eine abweichende Anordnung des Inhalts aufweist. Somit hat das Kap. IV in der LXX-fassung die Priorität vor Kap. IV im MT zu beanspruchen. Damit stellt sich der MT von selbst als revidiert dar. — Die Vermutung, dass das Dan.-buch von seinem Verfasser in zwei Rezensionen, welche der LXX bzw. dem MT zu grunde liegen, herausgegeben worden sei, lässt sich nicht festhalten; dazu sind die Unterschiede zwischen LXX und MT doch wieder zu unerheblich.

Das Resultat dieser Untersuchung ist folgendes: Die LXX-Übersetzung von Kap. II 4—VII beruht auf einer Vorlage, welche von der Vorlage des MT verschieden ist. Die Differenzen zwischen LXX und MT entspringen im Wesentlichen nicht der willkürlichen Behandlung des Textes durch den griechischen Übersetzer, sondern sind auf dessen Vorlage zurückzuführen. Die Verschiedenheit der LXX-vorlage und der Vorlage des MT ist hauptsächlich durch eine nach der LXX-übersetzung stattgehabte Revision bzw. Überarbeitung verursacht worden. —

4. Abschnitt.

Die Sprache der Septuagintavorlage des Buches Daniel.

In welcher Sprache lagen dem griechischen Übersetzer die Kap. II 4—VII vor? — „Dass der LXX schon das Buch Daniel in zwei Sprachen vorgelegen hat, ist oft behauptet, aber meines Wissens", sagt v. Gall, Die Einheitlichkeit des B. Dan. Giessen 1895 S. 123, „noch nie kritisch untersucht worden. Bevor aber diese Arbeit nicht gelöst ist, haben Vermutungen keinen Wert". Die Lösung dieser Aufgabe möchte im Folgenden versucht werden.

1. Es lassen sich in LXX Dan. verschiedene Missverständnisse, welche einen hebräischen Text voraussetzen, namhaft machen:

III 21 LXX τα υποδηματα αυτων = hebr. נעליהם statt מעיליהם = aram. סרבליהון, ibid. ταις τιαραις αυτων = hebr. עטרתם statt אדרתם oder מעטם = aram. פטשיהון, ib. επι τας κεφαλας αυτων = hebr. על־ראשיהם statt מלבושיהם = aram. כרבלתהון, ib. συν τω ιματισμω αυτων = hebr. ושמלתם statt ושמלתם = aram. ולבושיהון. Aus dem aram. Texte ist die Übersetzung der LXX auf keine Weise zu erklären. VII 7 κυκλω = hebr. בכתר statt היתר = aram. שארא. Der Übersetzer legte dem hebr. כתר die aram. Bedeutung von כתר = circulus, ambitus unter. Auf keine Weise kann κυκλω auf שארא zurückgehen. ib. περιπατουν = hebr. רמשה statt רמסה = aram. רפסה. VII 8 εξηρανθησαν = hebr. נשתו statt גתשו = aram. אתעקרה. Der umgekehrte Fall liegt bei Jerem. 18, 14 vor, wo נתש statt נשת steht. VII 12 τους κυκλω αυτου = hebr. כתרו statt יתרם = aram. שאר vgl. VII 7. VII 17 απολουνται = hebr. תורמנה statt תרומינה = aram. יקומון. Das aram. קום hat niemals die Bedeutung von απολλυμι, dagegen das hebr. רום Hiphil und Hoph. 1. erheben, 2. wegtragen (= απολλυναι).

2. Die LXX Dan. weicht in der Wortstellung des öftern (23 mal) von der des aram. Textes ab und zwar in der Weise, dass sie die dem Hebräischen im Gegensatz zum Aramäischen eigentümliche Wortstellung aufweist:

a) „Echt aramäisch ist die Voranstellung des Objekts vor das Verbum" (Gesenius-Kautzsch Gramm. 442).[1] II 4 MT (= Th.) την συγκρισιν αναγγελουμεν : LXX φρασομεν την συγκρισιν 5 MT (= Th.) οι οικοι ... διαρπαγησονται : LXX αναληφθησεται ... τα υπαρχοντα 6 δοματα ... ληψεσθε : ληψεσθε δοματα 7 συγκρισιν αναγγελουμεν : κρινουσι προς ταυτα 9 ρημα ... συνεθεσθε : συνειπασθε ... λογους 10 ρημα .. δυνησεται γνωρισαι : δυνησεται ειπειν .. ο εωρακε 16 συγκρισιν .. αναγγειλη : δηλωση παντα 23 οραμα .. εγνωρισας : δηλωσαι .. προς ταυτα 27 ο ο βασιλευς επερωτα : ο εωρακεν ο βασιλευς 46 ευωδιας ειπε σπεισαι : επεταξε θυσιας 48 δοματα .. εδωκεν : δους δωρεας IV 10 αγιος απ' ουρανου κατεβη : αγγελος απεσταλη .. εκ του ουρανου 30 αι τριχες .. ως λεοντων εμεγαλυνθησαν : αι τριχες εγενοντο ως πτερα V 16 πορφυραν ενδυση : στολιω σε πορφυραν 23 τους θεους .. ηνεσας : ηνεσατε παντα τα ειδωλα VI 6 οι τακτικοι .. παρεστησαν : προσηλθοσαν οι ανθρωποι 10 καιρους τρεις .. ην καμπτων : επιπτεν .. τρις της ημερας 13 καιρους τρεις .. αιτει : δεομενον .. τρις της ημερας 24 τα οστα .. ελεπτυναν : εθλασαν .. τα οστα VII 10 ποταμος .. ειλκεν εμπροσθεν αυτου : εξεπορευετο κατα προσωπον αυτου ποταμος 14 και αυτω εδοθη : και εδοθη αυτω.

---

[1] Am häufigsten im Hebr. dagegen ist die Wortfolge: Verb. — Subj. — Obj. (Gesen.-K. S. 441).

b) „Dem Hebräischen eignet vorzugsweise die appositionelle Stellung des Zahlwortes vor dem Substantiv, dem Aramäischen dagegen die Nachstellung der Zahlen hinter das gezählte Wort" (Gesen.-Kautzsch S. 419). VII 20 MT (= Th.) των κερατων αυτου των δεκα: LXX των δεκα κερατων αυτου 24 ‎קרניא עשר‎ : δεκα κερατα (= Theod.); vgl. dazu noch VI 3 LXX τους δυο ανδρας und VI 4 οι δυο νεανισκοι.

3. Die LXX Dan. weist an 4 Stellen die im Hebräischen gewöhnlichere Passivkonstruktion auf, während der aramäische Text dafür die Umschreibung durch die 3. Pers. Plur. hat, „eine Umschreibung des Passivs, wie solche im Aram. ganz gewöhnlich ist" (Ges.-K. Gramm. S. 446, 3 b).

II 13 MT (= Th.) εζητησαν Δανιηλ : εζητηϑη Δανιηλ III 13 ‎היתיו‎ (ob Act. od. Pass.?) : ηχϑησαν. IV 28 ‎אמרין‎ ‎לך‎ : σοι λεγεται. VI 25 ‎ומר‎ : ερριφησαν. —

Es sind die beiden letztgenannten Punkte 2 und 3 um so auffallender, als die Muttersprache des Übersetzers nicht das Hebräische, sondern allem nach das Aramäische gewesen ist. Man hätte deshalb billig erwarten können, dass er die aramäische Wortstellung überall, wo er sie vorgefunden, auch beibehalten haben würde. Es fehlt nämlich in der LXX nicht an Stellen[1], welche der aram. Wortstellung entsprechen; warum weisen dann jene 23 Stellen in 2a gegen MT die im Hebr. übliche Wortstellung auf? Auch in LXX III 6 εμβαλουσιν findet sich die Umschreibung des Passivs durch die 3. Pers. Plur. vor. Warum hat der Übersetzer nicht überall, dem Aramäischen entsprechend, die 3. Pers. Plur. Activ. gesetzt? Rücksichtnahme auf den griechischen Sprachgeist war es gewiss nicht. Dass er diesem nicht gar zu sehr gehuldigt hat, zeigt ja fast jedes Blatt der Übersetzung. —

---

[1] vgl. II 31. 91; IV 9. 26. 29; VI 1. 3; VII 6. 7. 24 u. a.

4. Eine Anzahl von Stellen in der LXX Dan. lässt sich ungezwungener auf eine hebräische, als auf eine aramäische Vorlage zurückführen.

II 35 καταλειφϑηναι : הִשְׁתְּכַח. Das aram. Verbum hat die Bedeutung „finden, treffen", während καταλειπειν auf hebr. שָׁכַח = „vergessen, aus Vergesslichkeit zurücklassen" hinweist. Es lässt sich nicht annehmen, dass der Übersetzer das häufig vorkommende aramäische Verbum in unrichtiger Bedeutung sollte gebraucht haben. II 40 παν δενδρον εκκοπτων και σεισϑησεται πασα η γη : כָּל אִלָּין תַּדִּק וְתֵרֹעַ (nach VII 23 zu schliessen, ist im MT hinter ותרע ein כל ארעא ausgefallen). Die LXX entspricht einem hebr. Texte כָּל־אִלָּה תָּדֹק וְתִתְרֹעַ כָּל־הָאָרֶץ und dieser selbst stellt sich dar als Missverständnis eines mit dem aram. Texte völlig übereinstimmenden hebr. Textes וְתִרֹע כָּל־הָאָרֶץ oder כָּל־אֵלֶּה תָּדֹק וּתְרַצֵּץ. VII 23 και ερρεϑη μοι : כֵּן אָמַר. Die LXX geht auf die bekannte hebr. Formel: וַיֹּאמֶר־לִי zurück. VII 27 υποταγησονται : יִפְלְחוּן. Das aram. Verbum פלח hat nur die Bedeutung: „verehren (durch Kultus), dienen"; das hebr. Verb עבד dagegen neben der Bedeutung „arbeiten" auch die „einem anderen dienstbar sein", im Hiph. „dienstbar machen" = υποταττειν der LXX. VII 27 εως καταστροφης του λογου : 28 עַד־כָּה סוֹפָא דִי מִלְּתָא. Das aram. סוֹף bedeutet nur „Ende, Schluss", während hebr. קֵץ „Ende, Schluss, schreckliche Katastrophe" bedeutet = καταστροφη der LXX.

5. Der jetzige aramäische MT weist einige ausgesprochene Hebraismen auf, eine Erscheinung, welche ihre wahrscheinlichste Erklärung darin findet, dass sie als ein Durchschimmern des hebräischen Grundtextes durch das Gewand der aramäischen Übertragung bezeichnet wird. Solche Hebraismen[1]

---

[1] Dalman, Die Worte Jesu, 1998 S. 19. 20. 27. 159. 162. 194.

sind: VII 18. 22. 25. 27 עֶלְיוֹן; VII 13 בַּר אֱנָשׁ = hebrä. בֶּן־אָדָם;
VI 21 וּבְמִקְרְבַהּ, die Konstruktion des Infinitivs mit Artikel
fehlt dem gesprochenen Aramäisch; nur der biblische Dialekt
hat an dieser einzigen Stelle die verwandte Konstruktion
des Infinitivs mit בְּ. II 20 und V 26 אֱלָהָא = hebrä. הָאֱלֹהִים,
das aram. Danielbuch bezeichnet sonst den wahren Gott
durch אֱלָהּ שְׁמַיָּא (wofür IV 34 שְׁמַיָּא מֶלֶךְ, V 25 מָרֵא שְׁמַיָּא)
und אֱלָהָא עֶלָּיָא bezw. עֶלְיָא, VI 27 אֱלָהָא חַיָּא, IV 31 חַי עַלְמָא;
nur an jenen beiden Stellen steht das blosse אֱלָהָא, dem oft
gebrauchten hebrä. הָאֱלֹהִים entsprechend. II 5. 7. 8. 10 u. a.
עֲנָה וְאָמַר nur im biblischen Aramäisch oft angewandt; dem
späteren jüdischen Aramäisch ist diese Formel völlig fremd.
Es ist eine spezifisch hebräische Ausdrucksweise. —·
Zu Ungunsten der Annahme, dass die LXX Dan. auf
eine hebräische Vorlage zurückgehe, spricht 1. das häufige
Vorkommen von τοτε in Kapp. II — VII der LXX zu Anfang
der Sätze. An 37 Stellen, wo in der LXX τοτε steht,
hat der aramäische Text das im Aramäischen sehr häufig an
der Spitze des Satzes stehende אֱדַיִן bezw. בֵּאדַיִן aufzuweisen.
Man könnte deshalb in der öfteren Anwendung von τοτε =
אֱדַיִן einen Hinweis auf die aramäische Vorlage erblicken,
zumal die LXX nur in den im MT aramäisch abgefassten
Kapp. II—VII τοτε anwendet. Andererseits ist zu bemerken, dass das τοτε der LXX auch dem hebr. אָז entsprechen
kann, ferner dass das τοτε der LXX, wie hebr. אָז, grössten-
teils an signifikanten Stellen steht, endlich, dass der aram.
Text 3 mal (IV 4. 16; VI 19) אֱדַיִן bezw. בֵּאדַיִן hat, wo die
LXX ein και setzt und umgekehrt die LXX 6 mal (V 7.
9. 10; VI 4. 18. 20) τοτε aufzeigt, wo der MT die einfache
Verbindungspartikel hat. — 2. die active Konstruktion statt
der passiven in III 6. Allein diese Konstruktion ist auch im
Hebräischen nicht ganz ungewöhnlich (vgl. Ges.-Kautzsch
Gramm. S. 446 b). — 3. die mit der im Aramäischen üblichen

Stellung sich deckende Wortstellung in II 6. 9; IV 12; V 23;
VI 28. Indess lässt sich hieraus kein beweiskräftiger Schluss
ziehen, weil auch im hebräischen Verbalsatz nicht selten eine
von der gewöhnlichen abweichende Wortfolge eintritt, wenn
ein Satzglied durch Voranstellung nachdrücklich hervorge-
hoben oder wenn ein Chiasmus hergestellt werden soll (Ges.-
Kautzsch Gr. S. 442 A. 1). — 4. die S. 38—40 angeführten
Übersetzungen von fremdsprachlichen, besonders aramäischen
Wörtern. Es ist jedoch hier die Möglichkeit bezw. Wahrscheinlichkeit keineswegs ausgeschlossen, dass die betr. Ausdrücke
schon in der hebr. Vorlage der LXX gestanden haben. Denn
auch über die Vorlage der LXX ist eine Revision er-
gangen.[1] Dies lehrt schon eine kurze Betrachtung z. B. von
Kapp. III, IV und VII, — und bei dieser Gelegenheit konnten
ebenso gut, wie bei der Revision der Kapp. I, VIII—XII,
diese „exotischen" Bestandteile in den Text gelangt sein.

Wenn man die hier in Betracht kommenden Momente
abwägt, so neigt sich die Entscheidung beträchtlich zu Gunsten
der Annahme, dass die Vorlage der LXX für Kapp. II—VII
nicht aramäisch, sondern hebräisch abgefasst worden ist. —

Im Anschluss hieran sei darauf hingewiesen, dass auch
Kamphausen, Das Buch Daniel und die neuere Geschichts-
forschung 1893 S. 15 für ein hebräisches Original (allerdings
nicht als Vorlage der LXX) eintritt. Von demselben seien
die Abschnitte II 4—VII verloren gegangen, später aber aus
einer aramäischen Übersetzung ergänzt worden. — Dalman,
Die Worte Jesu 1898 S. 11 nimmt wenigstens für Kap. VII
einen hebräischen Urtext an. In Kapp. I—VI vermutet er
eine aramäische Erzählung von Erlebnissen Daniels und seiner
Gefährten am Hofe zu Babel. Für eine Schrift, in welcher
den Königen Babels Gesichte gedeutet wurden, sei die Verkehrssprache des ganzen Orients in jener Zeit wohl ange-

---

[1] Den Nachweis wird die zweite Arbeit zu erbringen suchen.

bracht gewesen. Der zweite Teil des Buches, Kapp. VII—XII teile Gesichte, welche Daniel gehabt, mit den Deutungen durch einen Engel ebenso passend in hebräischer Sprache mit. Der Redaktor erst dürfte Kapp. I—II 4 ins Hebräische, Kap. VII ins Aramäische übersetzt haben und dadurch die beiden, auch durch den Inhalt der Weissagung unterschiedenen Hälften zu einem Ganzen zusammengeschweisst haben. — Diesen jüngsten Erklärungsversuchen gegenüber dürfte aber die in der Tüb. Theol. Quartalschr. 1897 S. 599 mitgeteilte Vermutung immer noch aufrecht zu halten sein, wonach ein Redaktor nach dem Vorbilde des Esrabuches[1] die Kapp. II 4—VI aus dem Hebräischen deswegen ins Aramäische übertragen hat, weil in denselben Nichthebräer mit längeren Reden auftreten, für welche er die aramäische Sprache als Verkehrssprache der damaligen Welt für passender, als das Hebräische, hielt. In Kap. VII 16 hat derselbe das hebräische Äquivalent für das aramäische עַל־חַד מִן קָאֲמַיָּא irrtümlicherweise auf Chaldäer statt auf Engel bezogen und demgemäss auch das Kap. VII ins Aramäische übertragen.

Schluss.

Zum Schlusse sind noch zwei Fragen zu erledigen:

Hat der griech. Übersetzer von Kapp. II—VII sich genau an seine Vorlage angeschlossen? Gewiss; ein Beweis hiefür sind die sinnwidrigen Sätze in II 40; V 6; VII 5. 7. 8. 13. 26.

Ist die griech. Übersetzung des ganzen Danielbuches das Werk Eines Mannes? Wenn das Buch Daniel zu einer Zeit ganz hebräisch vorgelegen hat, so lässt sich nicht einsehen, weshalb ein Übersetzer nur die Kapp. I, II 1—4, VIII—XII und ein anderer die Kapp. II 4—VII hätte übertragen sollen. Es kehren zudem in beiden Teilen des B. Dan. dieselben Ausdrücke und Wendungen wieder z. B. II

---

[1] Marquart, Fundamente isr. und jüd. Geschichte 1896 S. 40 und 42.

36 und VIII 17; III 22 und IX 23, X 1. 11. 15; V 8 und
VIII 19; VII 1 und IX 17 u. a. Wie schon Jahn bemerkt,
kommt im ganzen griech. Daniel überall derselbe Stil,
Klang und dieselbe Ausdrucksweise vor (Bludau 1. c. S. 217).
Das Endergebnis dieser Untersuchungen lässt sich
dahin zusammenfassen: Die LXX-übersetzung des B. Daniel
kann und muss, nach Abzug der innergriechischen Verderbnisse und der Missverständnisse des Übersetzers bezw. der
offenkundigen Fehler in dessen Vorlage, als vollgiltiger
Zeuge einer Textgestalt, welche der des MT voraufgeht,
betrachtet und gewürdigt werden. — Nunmehr kann an die
zweite, wichtigere Aufgabe herangeschritten werden: an
die Feststellung der ursprünglichen Gestalt des Buches Daniel.

ANHANG.

Schon Michaelis macht im 4. Bande seiner Orientalischen
Bibliothek S. 33 auf die Ähnlichkeit der LXX-übersetzung
Daniels mit dem spätesten Teile der griechisch übersetzten
Bibel aufmerksam.

Interesse verdient vornehmlich die mannigfache Übereinstimmung der LXX Dan. mit Εσδρας α΄. Die LXX Dan.
geht nämlich öfters mit Εα΄ und zwar in der Weise, dass
die LXX Dan. und Εα΄ auf der einen Seite und die theo-
dotionische Dan.-übersetzung und Εβ΄ auf der anderen Seite
besondere Ausdrücke mit einander gemein haben.

1) *LXX Dan.* I 1 παραγενομενος : Th. ηλθε.
LXX Dan. II 2 παραγενομενοι : Th. ηλθαν.
Εα΄ V 58 παραγενομενος : Εβ΄ III 8 του ελθειν.
Εα΄ ib. παραγενομενοι : Εβ΄ ib. = ερχομενοι.
Εα΄ VI 8 παραγενομενοι : Εβ΄ V 8 = Εα VI 8 επο-
ρευθημεν.

Εα' VI 19 παραγενομενος : Εβ' V 16¹ ηλθε.

Εα' VIII 6 παρεγενοντο : Εβ' VII 9 ηλθοσαν.

Εα' 63 οι δε παραγενομενοι : Εβ VIII 35 οι ελθοντες.

Εα' IX 12 παραγενηθητωσαν : X 14 ελθετωσαν — (παραγιγνεσθαι in verschiedenen Formen auch in 1 Macc. 4,27; 9,4; 13,1 ; 15, 24. 31 ; 2 Macc. 1, 14; 3,9).

2) *LXX Dan.* I 2 των ιερων σκευων του κυριου : Th. των σκευων οικου του θεου.

Εα' II 9 τα αγια σκευη του κυριου : Εβ' I 7 τα σκευη οικου (+ κυριου Alex.).

Εα' VI 17 τα ιερα σκευη : V 14 τα σκευη (του οικου Alex.) του θεου.

Εα' 25 τα ιερα σκευη του οικου κυριου: VI 5 τα σκευη οικου θεου; (τα ιερα σκευη auch in 2 Macc. 5, 16; 9, 16).

3) *LXX Dan.* I 2 απηρεισατο : εισηνεγκεν.

Εα' II 9 απηρεισατο : εδωκε I 7.

4) *LXX Dan.* I 2 εν τω ειδωλειω αυτου : εις τον οικον θησαυρου (θ. om. A) θεου αυτου.

Εα' II 9 εν τω ειδωλειω αυτου : I 7 εν οικω θεου αυτου.

5) *LXX Dan.* I 3 εκ του βασιλικου γενους : απο του σπερματος της βασιλειας.

LXX Dan. II 49 εν τη βασιλικη αυλη : εν τη αυλη του βασιλεως.

LXX Dan. VIII 27 βασιλικα : τα εργα του βασιλεως; vgl. *LXX Dan.* VII 4 ανθρωπινη καρδια und VII 8 οφθαλμοι ανθρωπινοι : καρδια ανθρωπου und οφθαλμοι ανθρωπου.

Εα' VI 20 εν τοις βασιλικοις βιβλιοφυλακιοις : V 17 εν τω οικω της γαζης του βασιλεως.

Εα' VIII 18 του βασιλικου γαζοφυλακιου : VII 20 γαζης βασιλεως.

---

¹ Selbstverständlich entspricht hier jedes Mal Εβ' den betr. Versen von Εα'.

Εα' 24 (νομον) τον βασιλικον : VII 26 νομον του βασιλεως (βασιλικυς in versch. Formen auch in 2 Macc. 3, 13; 4, 11. 25; 13, 15; 15, 5; 3 Macc. 3, 28).

6) *LXX Dan.* II 5 αναληφθησεται υμων τα υπαρχοντα εις το βασιλικον : οι οικοι υμων διαρπαγησονται.
Εα' VI 31 τα υπαρχοντα αυτου ειναι βασιλικα : VI 11 οι οικος αυτου το κατ' εμε ποιηθησεται.

7) *LXX Dan.* II 8 το πραγμα : το ρημα, ebenso II 10.
Εα' VIII 91 το πραγμα : Χ 4 το ρημα, ebenso IX 13 — Εβ' Χ 14 und IX 16 = Εβ' Χ 16.

8) *LXX Dan.* II 18 του κυριου του υψιστου : του θεου του ουρανου.
LXX Dan. II 19 τον κυριον τον υψιστον : τον θεον του ουρανου.
Εα' II 3 κυριος ο υψιστος : I 2 (κυριος Alex.) ο θεος του ουρανου.
Εα' VI 30 τω θεω τω υψιστω : VI 10 τω θεω του ουρανου.
VIII 21 τω θεω τω υψιστω : VII 23 του θεου τοι ουρανου.

9) *LXX Dan.* II 46 σπονδας ποιησαι αυτω : ευωδιας . . . σπεισαι αυτω.
Εα' VI 30 προσφερωνται σπονδαι : VI 10 ευωδιας προσφεροντες.

10) *LXX Dan.* VII 1 ετους πρωτου βασιλευοντος Βαλτασαρ : εν ετει τριτου Βαλτασ. βασιλεως.
LXX Dan. VIII 1 ετους τριτου βασιλευοντος Β. : εν ετει τριτω της βασιλειας Βαλτ.
Εα' VIII 1 βασιλευοντος Αρταξ : VII 1 εν βασιλεια Αρθ.
6 ετους εβδομου βασιλευοντος Αρτ. : VII 7 εν ετει εβδ. τω Αρθ. τ. βασιλει.
Εα' VI 23 ετους πρωτου βασιλευοντος Κυρου : VI 3 εν ετει πρωτω Κυρου βασιλεως.

11) *LXX Dan.* VII 9 το τριχωμα : η θριξ.
Εα' VIII 68 του τριχωματος : IX 3 των τριχων.

12) *LXX Dan.* VII 13 παρην : εφθασεν.
. Εα´ VI 3 παρην : V 3 ηλθεν.
13) *LXX Dan.* VIII 4 υψωθη : εμεγαλυνθη.
LXX Dan. VIII 10 υψωθη : εμεγαλυνθη.
LXX Dan. XI 36 υψωθησεται : μεγαλυνθησεται.
LXX Dan. XI 37 υψωθησεται : μεγαλυνθησεται; dagegen XI 12 auch Th. υψωθησεται.
Εα´ VIII 72 υπερηνεγκαν : εμεγαλυνθησαν.
14) *LXX Dan.* VIII 15 ορασις ανθρωπου : ορασις ανδρος.
LXX Dau. VIII 16 φωνην ανθρωπου : φ. ανδρος.
LXX Dan. X 5 ιδου ανθρωπος : ιδου ανηρ.
LXX Dan. X 7 οι ανθρωποι : οι ανδρες.
LXX Dan. X 11 ανθρωπος ελεεινος : ανηρ επιθυμιων.
Εα´ VI 28 τουτοις τοις ανθρωποις : VI 8 τοις ανδρασιν εκεινοις.
IX 40 απο ανθρωπου : Neh. VIII 2 απο ανδρος.
15) *LXX Dan.* IX 6 των παιδων σου των προφητων : των δουλων σου των προφητων.
LXX Dan. IX 10 των παιδων σου : των δουλων αυτου.
LXX Dan. IX 11 παιδος του θεου : δουλου του θεου (scl. Μωυσης).
LXX Dan. IX 17 του παιδος σου : του δουλου σου; ebenda LXX ενεκεν των δουλων σου.
Εα´ VIII 7. 9 των παιδων σου των προφητων : των δουλων σου των προφητων.
16) *LXX Dan.* IX 6 παντι εθνει : παντα τον λαον.
LXX Dan. XI 14 του εθνους : του λαου.
LXX Dan. XI 34 του εθνους σου : τον λαον σου.
Εα´ II 5 εκ του εθνους αυτου : απο παντος του λαου αυτου I 3.
Εα´ V 9 του εθνους : λαου II 4.
Εα´ 49 των αλλων εθνων της γης : III 3 των λαων των γαιων.

Εα' 69 τα .. εϑνη της γης : IV 4 ο λαος της γης, ebenso verhält es sich in VI 32 = VI 12; VIII 10 — VII 13; VIII 67 — IX 2; VIII 84 — IX 14; VIII 89 — X 2; IX 9 = X 11. Das Nomen εϑνος findet sich in Εβ' nur einmal (IX 11 λαων των εϑνων), bei Theodotion gar nicht; das Nomen λαος liegt in LXX XII 1 und Εα' V 59, je einmal im Ganzen, vor.[1] Auch abgesehen von diesen Stellen deckt sich der Wortschatz von Εα' vielfach mit dem von LXX Dan.[2] Es besteht somit eine enge Verwandtschaft zwischen LXX Dan. und Εα'. Dieselbe weist auf jeden Fall, wenn man nicht lieber mit Gwynn die beiden Übersetzer identifizieren will, auf grosse, zeitliche Nähe der beiden Übersetzer hin.

Ebenso mannigfach berührt sich LXX Dan. mit der griech. Übersetzung des Estherbuches Cod. 93 a (Cod. 93 b dagegen nähert sich Theod. Dan.), mit den Maccabäerbüchern und dem griech. Sirach. Zum Beweise hiefür sei vorläufig auf Bludau de Alex. interpr. l. Dan. indole crit. et herm. 1891 pg. 7 und 8 verwiesen. Endlich sei noch darauf aufmerksam gemacht, dass die Lucianische Rezension der Königsbücher in den Codd. 19, 82, 93, 108 bei Field Orig. Hexapl. im Sprachgebrauche ebenfalls mit der LXX Dan., im ausgesprochenen Gegensatz zu Theod. Dan.,[3] übereinstimmt.

---

[1] Beachtenswert ist Εα' VIII 23 κριτας και δικαστας : Εβ' VII 25 γραμματεις και κριτας. Deutet dies auf die Zeit hin, wo die Schriftgelehrten zu Juristen sich entwickelt haben? (Wellhausen Isr. u. jüd. Gesch. S. 284); vgl. Εα' VIII 9 Εσρα τω ιερει : Εβ' VII 12 Εσρα γραμματει νομου του ϑεου! —

[2] Zur näheren Darlegung ist eine eigene Abhandlung erforderlich.

[3] Dies spricht gegen die Vermutung von Ad. Mez, Die Bibel des Josephus 1895 S. 84, dass Urlucian identisch mit Urtheodotion sei; vgl. auch Field I S. XC.

Druck von W. Drugulin in Leipzig.